ACCESO GRATIS *a la Lectura en la Nube*

AF237869

Para visualizar el libro electrónico en la nube de lectura envíe junto a su nombre y apellidos una fotografía del código de barras situado en la contraportada del libro y otra del ticket de compra a la dirección:

ebooktirant@tirant.com

En un máximo de 72 horas laborales le enviaremos el código de acceso con sus instrucciones.

© TIRANT LO BLANCH
EDITA: TIRANT LO BLANCH
C/ Artes Gráficas, 14 - 46010 - VALENCIA
TELFS.: 96/361 00 48 - 50
Fax: 96/369 41 51
Email: tlb@tirant.com
www.tirant.com
Librería Virtual: www.tirant.es
DEPOSITO LEGAL: V-1052-2024
ISBN: 978-84-1056-896-9
MAQUETA E IMPRIME: Tink Factoría de Color , S.L.

Si tiene alguna queja o sugerencia, envíenos un mail a: atencioncliente@tirant.com.
En caso de no ser atendida su sugerencia, por favor, lea nuestro procedimiento de quejas en:
www.tirant.net/index.php/empresa/politicas-de-empresa

Responsabilidad Social Corporativa
http://www.tirant.net/Docs/RSCTirant.pdf

APUNTES DE TÉCNICAS Y CONSERVACIÓN DE BIENES INMUEBLES

David Sánchez Muñoz

Sumario

Introducción

El presente manual tiene como finalidad principal ser el instrumento básico de preparación de la asignatura Técnicas y Conservación de Bienes Inmuebles. El conjunto del temario, tal y como plantea la guía docente, responde a la necesidad de establecer unas bases adecuadas de los estudios de arquitectura desde la disciplina de la Historia del Arte. Es decir, se trata de definir con claridad los diferentes procesos, materiales, y técnicas, realizadas a lo largo del tiempo y en ámbitos geográficos diferentes, en periodos y culturas que van desde la antigua Mesopotamia hasta prácticamente nuestros días.

Para el historiador del arte es fundamental entender la arquitectura como un producto cultural, sujeto además a las necesidades humanas, desde las más básicas, para dar cobijo y vivienda a nuestra especie, hasta un amplio abanico de tipologías, que dan respuesta a necesidades concretas de cada cultura o civilización.

El historiador del arte debe esforzarse además en el reconocimiento y estudio de los diferentes medios de expresión de la arquitectura, desde los bocetos, apuntes, dibujos y proyectos que prefiguran una construcción, antes de llevarse a cabo, hasta los materiales gráficos realizados con posterioridad, con fines de estudio, conservación y difusión.

Por tanto, entre las habilidades que debemos desarrollar desde la Historia del Arte se encuentra la de reconocer aquellos elementos valiosos de la arquitectura, como producto histórico, artístico y cultural, y como reflejo de un momento determinado. Reconocer lo extraordinario o lo especial de un monumento o los materiales que han sido empleados para su construcción, forma parte también de este análisis arquitectónico. De la misma forma, debemos ser capaces de identificar los avances en relación con las técnicas empleadas en la construcción de edificios o su lógica constructiva (elemento éste que entiendo como muy importante). Saber identificar las figuras geométricas que definen las plantas de los diferentes edificios, y cómo a partir de esas mismas formas se construyen arquitecturas muy complejas, será tarea pertinente de la asignatura. Así, por ejemplo, deberemos identificar los sistemas de compensación de cargas, fuerzas y empujes, la elección concreta de materiales, respondiendo a las necesidades de una estructura arquitectónica, su cubrición, mediante bóvedas y cúpulas, de indudable valor simbólico, etc.

Por todos estos motivos, el libro se organiza de una manera muy sencilla, a partir de capítulos y apartados que hablan de aquellas arquitecturas y periodos en los que se divide actualmente la asignatura, para a continuación señalar aquellos elementos imprescindibles que debemos conocer. Cada capítulo se organiza de manera general a partir de tres apartados: introducción, técnicas y elementos arquitectónicos, y material gráfico. El texto inicial explicativo, que se encuentra en cada uno de los capítulos, tiene por objeto identificar los elementos más relevantes de cada periodo o cultura. De la misma forma, el segundo apartado concretará y ampliará algunas cuestiones de carácter técnico. Al final de cada bloque, se incluirán imágenes que permitan visualizar y aclarar los contenidos textuales de la materia. No obstante, las fotografías en este manual han quedado limitadas por los derechos de imagen y su posibilidad de reproducción. Sin embargo, me gustaría señalar especialmente un antiguo libro que incluye abundantes ilustraciones y dibujos de arquitectura, con un evidente sentido pedagógico e ilustrativo. Se trata de la obra de Sir Banister Fletcher, *A history of architecture on the compartive method,* del que su subtítulo da debida cuenta del público al que va dirigido: *for students, craftsmen & amateurs.* Los dibujos de un volumen tan importante como éste ayudan a la comprensión de distintos y muy variados periodos y estilos; muchos de ellos tratados en el temario de esta asignatura. Bien es cierto que el libro, del que existen infinidad de ediciones, ha podido quedar desfasado en relación con las más recientes investigaciones y publicaciones, pero es un volumen ciertamente interesante, muy desconocido en nuestro ámbito, que utiliza el material gráfico como apoyo fundamental del aprendizaje de la arquitectura, con dibujos y planos bien realizados, y todavía útiles. En ellos, aparecerán señalados planos de planta y alzados, arquitecturas en perspectiva, decoraciones, estilos, etc. Además, durante las clases, podremos acceder a un mayor número de imágenes, de distinto tipo y procedencia, que amplifican el contenido de la asignatura.

En relación con la bibliografía, incorporamos al manual aquellas referencias importantes, cuyo uso considero indispensable para el conocimiento correcto de la materia. Bien es cierto que estos libros han sido escritos, en gran medida, por arquitectos y están dirigidos principalmente a estudiantes de arquitectura, o bien en ocasiones son excesivamente técnicos. Otro apartado importante relacionado con la bibliografía tiene que ver con el empleo de vocabularios y guías visuales, muy importantes también. Aquí será necesario señalar el trabajo realizado en los últimos años por la editorial Cátedra, que ha generado los mejores textos acompañados siempre de imágenes y dibujos que hacen mucho más comprensible y cercano el lenguaje arquitectónico. Son de esta editorial, y su consulta es muy recomendable, el *Diccionario visual de términos arquitectónicos* (que cuenta con varias ediciones y reimpresiones, además de una versión reducida de la misma), la *Guía visual de la arquitectura en el mundo antiguo: Prehistoria, Mesopotamia, Egipto, Grecia y Roma* (2021), y la más reciente, que se corresponde con el primer volumen dedicado a la Edad Media (2023). Una última cuestión que afecta a la bibliografía es la no utilización de citas a pie de página en el manual. Esta es una opción personal, que considero mejor a la hora de que el texto sea próximo. Con el mismo interés pedagógico, se han redactado los diferentes capítulos atendiendo a un discurso propio sobre el avance de la arquitectura y sus elementos principales a lo largo de la historia. Aun así, cuando ha sido necesario se ha incorporado la referencia bibliográfica concreta dentro del texto, para facilitar de esta forma su identificación.

Los mecanismos de construcción de un edificio, sus técnicas y los materiales empleados en arquitectura, en diferentes periodos y épocas, deberán resultarnos familiares al finalizar el curso. Así como su descripción, realizada a partir de la identificación de los diferentes elementos, según la clasificación clásica de los mismos. Es decir, mediante el reconocimiento de unos elementos sustentantes, que sujetan o soportan el peso de otros (cimientos, muros, contrafuertes, pilares o columnas), otros elementos que son sustentados, sujetados o apoyados en otros (dintel, arco, y los relacionados con la cubrición, como son las vigas, bóvedas y cúpulas). Entre ambos pueden existir otras estructuras intermedias (arbotantes, pechinas y trompas).

Es importante señalar un rasgo fundamental de la asignatura, ya que, en cuatro meses escasos de clase, se deben explicar contenidos que van desde el origen mismo de la arquitectura hasta casi la época actual, como ya se ha señalado. Recorriendo culturas muy diferentes que van desde las primeras manifestaciones arquitectónicas realizadas en Mesopotamia, pasando por las construcciones más impresionantes del Egipto antiguo, el mundo clásico, las arquitecturas medievales o las más recientes y modernas manifestaciones arquitectónicas..., describiendo por lo general un espacio geográfico muy amplio, que recorre un eje imaginario que va, en líneas generales, desde oriente hacia occidente, en épocas bien diferentes, con culturas, en ocasiones, muy dispares. Sin embargo, lo específico de la misma asignatura es poder adentrarnos en la arquitectura y descubrir aquellos elementos que son relevantes. Un edificio es producto de su sociedad, su cultura, su religión o su sistema de creencias, sea el que sea. Por otra parte, el descubrimiento y uso de los materiales es algo que debemos tener en cuenta: primero se utilizarán aquellos más cercanos a cada cultura, como el barro, la madera o la piedra, dependiendo del lugar geográfico donde nos encontremos, y de su disponibilidad. Luego aparecerán otros materiales fruto de la experimentación, como el cemento romano. Las técnicas también avanzarán, y mientras las primeras culturas tienden a utilizar cubriciones adinteladas, desde el principio se experimentarán fórmulas para cubrir los espacios arquitectónicos. Serán las bóvedas y las cúpulas los elementos preferidos. En el camino, y como forma de transición entre la arquitectura adintelada y la plenamente abovedada, estarán las falsas cúpulas, los triángulos de descarga, etc.

Época	Materiales	Tipos de cubrición	Contexto
Mundo antiguo	Barro Madera Piedra Cemento romano	Adintelada (dintel) Abovedada, cupulada (arco, bóveda, cúpula)	Procesos culturales, históricos, religiosos, políticos. La función hace la forma (tipologías) Los estilos
Mundo moderno	Cristal Hierro Acero Cemento portland	Liberación del muro y sus cubriciones a partir de los nuevos materiales	

En relación con las clases, utilizaremos un mayor tiempo en explicar los primeros temas, donde aparecen por primera vez los materiales y la evolución de las técnicas más antiguas, para luego definir, conforme avanza el temario, aquellos rasgos específicos y únicos del resto de culturas y periodos entre los aquí tratados.

Sirva pues este manual de iniciación como guía también general para el estudio y preparación de la asignatura de cara a su examen final, ya que los conocimientos aquí expresados son la materia principal del curso, mostrados sumariamente, y sobre ellos trabajaremos a lo largo del mismo.

Valencia, febrero de 2024.

Tema 1. Las técnicas constructivas de la Antigüedad

Mesopotamia: los inicios de la construcción

Una de las primeras consideraciones que debemos tener en cuenta en esta asignatura, es la importancia de la arquitectura para las civilizaciones y culturas humanas. La arquitectura da cobijo al ser humano, pero también y desde muy pronto se construirán edificios de distinta significación y función. Así va unido el descubrimiento del uso de materiales al desarrollo de técnicas específicas que sirven para construir estas arquitecturas, primero las viviendas y luego aquellas construcciones que tienen que ver con la arquitectura monumental. En primer lugar, será el barro el que permita construir paredes y suelos, mediante técnicas como el tapial o el adobe. Más tarde, y también dependiendo de la disponibilidad de otros materiales, se usará en mayor o menor proporción la madera y la piedra.

Es muy importante señalar otro rasgo, que debemos tener en cuenta a lo largo de la asignatura: Mesopotamia contiene en la misma denominación la cultura y arquitectura desarrollada por distintos pueblos en un mismo espacio geográfico, en un arco temporal muy amplio. Así, en líneas generales, podemos establecer, *grosso modo*, la siguiente cronología general en amplios periodos y etapas:

- Etapa sumerio-acadia: 4000 - 2000 a.C.
- Primer imperio babilónico: 2000 - 1595 a.C.
- Imperio asirio: 1360 - 612 a.C.
- Imperio neobabilónico: 612 - 538 a.C.

Esta clasificación, con fechas acotadas de forma aproximada, indica algo muy importante, y es que cuando hablamos de características generales de Mesopotamia, debemos poner atención en qué momento de la historia estamos, y en qué parte del territorio, porque si no podemos poner en distintos niveles la utilización de elementos arquitectónicos que se originaron con posterioridad, en un momento determinado de la historia de esta cultura, muy diferente a los utilizados inicialmente. Siendo posible además establecer elementos de comparación con otras culturas que se dieron simultáneamente en otras partes del mundo. Esta contextualización es muy importante.

El adobe y el tapial fueron utilizados ampliamente en las primeras culturas. Esto se debe a las características del material, ya que la tierra empleada en elaborarlos recogía el calor diurno haciendo las noches más confortables. Esto es especialmente importante en territorios donde las temperaturas son extremadamente altas por el día y muy bajas por la noche. De esta forma, los muros de tapial, o los de adobe, permiten mantener condiciones ambientales adecuadas en estas zonas. Es cierto también que la capacidad térmica del barro es limitada, y está sometida a otros factores como el grosor del muro, la ventilación o la ubicación de los distintos espacios y edificios según la orientación de estos. Por lo tanto, las condiciones climatológicas, la disponibilidad de extracción y características de los diferentes materiales, que se emplearán a lo largo de este periodo, así como la orientación, son aspectos fundamentales para el desarrollo de las técnicas en arquitectura, para crear espacios habitables, incluso con condiciones medioambientales extremas y adversas, como las que se encuentran en estas primeras civilizaciones y culturas.

Una de las dificultades que entraña además el estudio de la arquitectura mesopotámica es la amplitud temporal que abarca y la gran extensión de terreno, como ya se ha dicho, limitada en lo fundamental por los márgenes de los ríos Tigris y Éufrates. En cuanto a los pueblos que ocuparon las tierras de Mesopotamia, podemos señalar a los sumerios, babilonios, asirios, persas, ... en un territorio que coincide en la actualidad con Irak.

La distribución inicial de la casa en Mesopotamia quedó definida desde muy pronto, siendo una de sus características principales la incorporación del patio, que adquiere la función de organizador del espacio, y también por razones de aclimatación de la casa. Por otro lado, el palacio muestra la complejidad estructural que alcanzó la construcción, realizado en torno a patios y habitaciones. Los distintos usos y actividades muestran el germen de las ciudades estado, combinando usos y espacios que dan respuesta a todas las necesidades de la comunidad, desde los espacios más íntimos hasta los necesarios para la gestión, ordenación, y gobierno de la ciudad.

Mesopotamia, a partir de estas ciudades estado, desarrollará espacios urbanos complejos en un momento embrionario de la historia de la arquitectura, construyéndose además la primera arquitectura monumental humana. Estos rasgos complejos de la cultura mesopotámica abarcaron diferentes momentos históricos, en un amplio y heterogéneo espacio territorial, como ya hemos señalado.

En cuanto a los materiales y técnicas constructivas, cabe señalar el uso habitual de los ladrillos: primero sin cocer (adobe), luego cocidos y más tarde vitrificados (que serán utilizados en las zonas exteriores, más decoradas habitualmente). El uso del ladrillo, en cualquiera de sus formas, ha perdurado hasta nuestros días. El adobe sigue siendo utilizado en algunas partes del planeta, mientras que el ladrillo cocido es, aún hoy, el material principal empleado para la construcción de muros y paredes de las viviendas actuales. Hablar del trabajo en ladrillo, y de la técnica empleada para la confección de los muros, es hablar también de la argamasa utilizada para la unión de los diferentes bloques. A lo largo de la historia, los ladrillos cocidos han conocido también diferentes medidas, de mayores o menores proporciones, según cada época, uso o finalidad.

Cabe hacer pues hincapié en aquellos materiales de construcción que son característicos de cada momento. El barro en las primeras culturas, y la utilización posterior de la piedra, sobre todo en construcciones monumentales.

Dentro de las construcciones de este periodo, destaca en Mesopotamia como edificio singular el zigurat, siendo el de Ur el más conocido. Podemos describir el zigurat como un edificio de forma piramidal, escalonada, con una rampa principal y otras secundarias, que ascienden por las distintas secciones del edificio, y cuyos muros se construyen en talud, en plataformas decrecientes. En la cima se sitúa el templo observatorio, que tiene que ver evidentemente con el sistema de creencias, religioso en este caso, de los pueblos mesopotámicos. La forma constructiva deriva pues de un sentimiento cultural, cosmológico y religioso, que da como resultado un diseño específico, que hace evidente el binomio función forma, tan necesario en arquitectura. Este edificio será construido a partir de los materiales disponibles en la zona, siendo el adobe (ladrillo sin cocer) el que forma el alma del edificio, mientras que los ladrillos cocidos, más resistentes, se situaban al exterior como recubrimiento. Es habitual en esta época la utilización como argamasa del betún, por ser este elemento abundante en el territorio.

La arquitectura en Mesopotamia tiene pues algunos rasgos generales, que deben ser detallados, ya que nos encontramos ante una cultura que abarca un periodo de tiempo muy amplio y una extensión geográfica muy extensa. Son pues característicos de esta arquitectura: el adobe, el ladrillo y el ladrillo vitrificado o esmaltado. Siendo el barro o la arcilla, pues, el material de construcción preferente, aunque también utilizaron la madera y la piedra, en menor medida. En este momento primordial, en la historia de la arquitectura y de la humanidad, se crean los primeros arcos, bóvedas, y se utilizan ya columnas y otros elementos arquitectónicos que tienen su origen en este momento. Ello no quiere decir que utilizaran estos elementos de forma habitual, ni son un rasgo que definan, por sí mismos, la arquitectura mesopotámica. En un sentido general, podemos decir que es ahora cuando los constructores investigan formas que luego serán perfeccionadas y utilizadas, en mayor medida, por otras culturas, civilizaciones, periodos... Por ejemplo, el arco será un elemento frecuente de la arquitectura monumental romana. Esta utilización preferente y masiva del arco fue posible por el desarrollo, durante el periodo romano, del uso de cimbras que posibilitaron la construcción generalizada de estos elementos. Volviendo de nuevo a la arquitectura desarrollada en Mesopotamia, podemos señalar además otros rasgos: se prioriza el macizo sobre el vano, por la misma naturaleza de sus construcciones, por los materiales utilizados y las técnicas desarrolladas. La arquitectura, además de dar cobijo a sus habitantes, será utilizada por la clase dominante, siendo un elemento destacado, muy importante, dentro de la representación efectiva del poder, y como parte esencial de su sistema de creencias.

Técnicas y elementos arquitectónicos: Mesopotamia

La técnica del tapial es una de las más antiguas que se conoce en la historia de la arquitectura. Es la técnica que permite construir muros de barro, a partir de los moldes o encofrados (tradicionalmente tablones de madera) que delimitan el espacio del muro a construir y sobre el que se vierte, en diferentes tongadas, el barro. Por tanto, se trata de colocar dos paredes temporales, que contendrán la masa. Junto con el barro, se pueden incluir algunos elementos que puedan dar mayor consistencia al muro, tales como paja, fragmentos de ladrillo, grava, piedra, etc. Esta mezcla será apisonada para obtener una mayor firmeza y resistencia. Una vez esta mezcla plástica endurece, se retira el encofrado. Esta misma operación se puede repetir tantas veces como sea la necesidad de alcanzar una altura determinada.

En este periodo es oportuno hablar de diferentes tipos de ladrillo. Al ladrillo sin cocer lo llamaremos ladrillo de adobe o adobe, luego, y desde pronto, el ladrillo cocido, que tiene una mayor resistencia por ese procedimiento de cocción, y más tarde aparecerá el ladrillo cerámico o vitrificado, utilizado para las decoraciones de los muros, interiores o exteriores, por su evidente atractivo estético.

Por tanto, el adobe es el ladrillo sin cocer, compuesto por barro amasado con agua, al que se le añade otros elementos como la paja, para dar una mayor consistencia. La masa resultante se comprime ligeramente, se moldea con la ayuda de unos bastidores y se deja secar al sol. Los muros de adobe, por sus peculiaridades en cuanto a la retención del calor, son muy usados en las civilizaciones antiguas de clima desértico. Para conseguir esta inercia térmica, los muros debían ser gruesos. Por esta misma razón climática, los vanos son escasos. Este material no resulta útil en climas húmedos, ya que las estructuras de adobe no son estables en climas con muchas lluvias, precisamente por las característica del barro.

En Mesopotamia la utilización del betún fue utilizado tanto para asentar los ladrillos, ejerciendo una acción de pegado o aglutinante, y también como método de protección de los paramentos exteriores.

El ladrillo cocido, por su mayor dureza y durabilidad, fue utilizado también en Mesopotamia en los muros exteriores que recubrían sus edificios más representativos. Se suele fechar la utilización de este tipo de ladrillo cocido alrededor del año 3000 a.C., en el Palacio de Nippur.

Los ladrillos vitrificados o esmaltados, realizados con colores naturales, adquieren su característico aspecto por la doble cocción a temperaturas muy altas. En Mesopotamia fueron muy característicos, llegándose a producir en serie. Edificios y murallas adquieren su aspecto por la utilización de este tipo de ladrillo.

Material gráfico: Mesopotamia

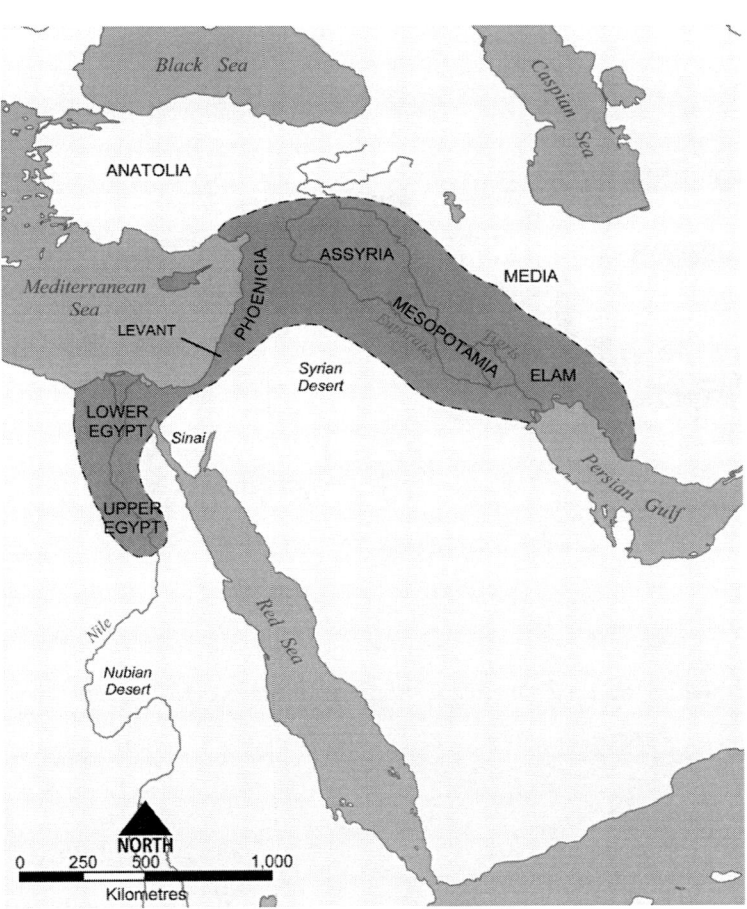

Mapa del Creciente Fértil, con Mesopotamia y Egipto. Imagen: "Creative Commons" por Nafsadh, bajo licencia de documentación libre de GNU.

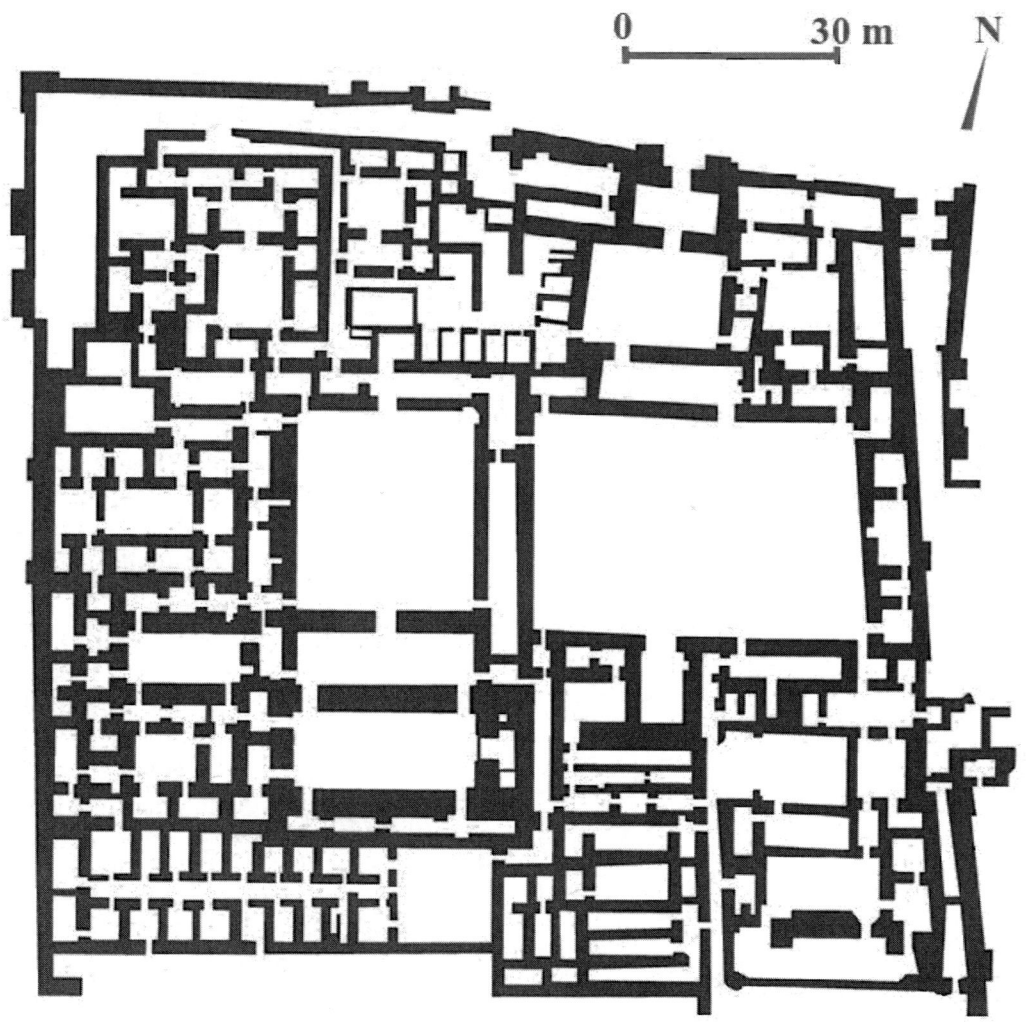

Planta del gran palacio real de Mari (c. 2000-1761 a. C.). Imagen: "Creative Commons" por Zunkir, bajo licencia internacional CC BY-SA 4.0.

La arquitectura desarrolló pronto edificios de gran complejidad en planta. La incorporación de patios en su trazado permitió, además, una mejor división y conexión entre los distintos espacios del palacio.

Zigurat de Ur. Inicios III milenio, hacia el 2100 a.C. El alma o estructura interior se habría realizado con adobe (ladrillo sin cocer), mientras que la parte exterior se habría realizado con ladrillo cocido. Imagen: "Creative Commons" por Amjedha95, bajo licencia CC BY-SA 4.0.

Puerta de Ishtar, de la antigua muralla de Babilonia. Hoy en el museo de Pérgamo de Berlín. 575 a.C. Imagen: "Creative Commons" por Raimond Spekking, bajo licencia CC BY-SA 4.0.

En la imagen vemos el magnífico azul lapislázuli en un conjunto muy llamativo, desde el punto de vista decorativo, por la utilización de este ladrillo vitrificado, siendo también interesante la construcción en la puerta del gran arco central. Este elemento utilizado en Mesopotamia, aquí en época tardía, no alcanzó su verdadera plenitud hasta época romana. Por tanto, es interesante señalar la diferencia que existe entre conocer y utilizar este recurso arquitectónico, cuyo origen se sitúa ahora en el amplio periodo mesopotámico, y dominarlo. La utilización habitual del arco, mediante la construcción de cimbras temporales, no se alcanzará hasta el Imperio romano. En Mesopotamia, el arco, como sabemos, será utilizado inicialmente en infraestructuras y colectores. Habrá que avanzar en el tiempo, como sucede con la puerta de Ishtar donde podemos ver un arco de medio punto, que no se hará con cimbra, pero cuyo aparejo, es decir, la forma en la que se disponen los materiales en el muro permite su construcción. Es pues una forma más artesanal y no seriada de componer con éxito este elemento arquitectónico.

En este mismo periodo, se adjudican al rey Nabucodonosor II, tanto esta puerta de Ishtar, como los jardines colgantes de Babilonia o la Torre de Babel.

Dibujos de arquitectura mesopotámica en diferentes momentos. Banister Fletcher. *A history of architecture on the comparative method*. 14th edition. London: B. T. Batsford Ltd., 1948, p. 51. Colección propia.

En Egipto será la piedra, extraída de sus múltiples canteras, la que condicione su arquitectura monumental. Su utilización está vinculada también a un valor simbólico, ya que la dureza de este material lo convierte en trasunto de la eternidad que se pretende alcanzar. El uso de la piedra confiere a la construcción un mayor empaque que viene de la nobleza del material utilizado. Por eso, la piedra caliza blanca pulida con la que se revestían las pirámides debía quedar bien preparada y terminada, dando una apariencia regular al monumento.

El arte egipcio, su arquitectura, está muy unida, como se sabe, a un sistema de creencias poderoso, fuertemente vinculado al uso funerario y religioso de estos edificios. Otros elementos parecen haber influido en su construcción, como la posición en planta de las tres pirámides de Guiza siguiendo el patrón estelar del cinturón de Orión, o la disposición de toda arquitectura funeraria al oeste del Nilo, en el ocaso solar. Ello no significa que las construcciones habituales para la vivienda no tuvieran importancia, sino que la rotunda monumentalidad de templos y pirámides han sido más estudiadas, por su permanencia en el tiempo y por su impacto evidente en el paisaje, como símbolo de la humanidad y como representación asombrosa de una civilización determinada. Las pirámides, por ejemplo, constituyen en sí mismas, un ejemplo permanente del misterio, y son, por su exotismo y antigüedad, un producto irrepetible de las capacidades constructivas de nuestra especie, como símbolo imperecedero relevante de una de las civilizaciones que más fascinación han producido. En las pirámides podemos observar además algunos rasgos destacados: el uso de esta figura geométrica piramidal como elemento puro de composición arquitectónica, la utilización (por primera vez en la historia) de la piedra como material principal de construcción de estos edificios monumentales, con una técnica similar a la utilizada anteriormente con el ladrillo, pero más eficaz, y sobre todo duradera. Fue la pirámide escalonada de Zoser el primer monumento realizado en piedra de la Antigüedad. Obra atribuida al arquitecto Imhotep, superpone en número de seis las mastabas que en orden decreciente conforman la estructura piramidal. El proyecto sufrió algunos cambios y ampliaciones hasta conformar su aspecto definitivo.

En templos como el de Karnak se ha resaltado su sentido matemático, teniendo en cuenta para su construcción, en diferentes periodos a lo largo del tiempo, la secuencia Fibonacci. Por tanto, no estamos ante una arquitectura casual, sino muy al contrario. Estos edificios fueron pensados en cada uno de sus elementos.

En general, la disposición de los materiales en el muro puede ser de distinto tipo. En este sentido, podemos hablar de mampostería cuando se utilicen piedras irregulares de diferentes tamaños sin labrar. De la misma forma, podemos hablar de sillería cuando se usen piedras regulares de gran tamaño, labradas por todos sus lados (sillares). Además, la piedra podía disponerse sin aglomerante alguno en el muro, esto es, a hueso o a seco, arquitectura de piedra seca, o bien podía incorporarse algún tipo de mortero que facilitara la unión. Se han empleado en época antigua morteros ligeros de barro, también betún y argamasa (mortero hidráulico de cal); todos ellos con el mismo fin. Por otro lado, el trabajo en ladrillo requiere, por lo general, de la aplicación de un mortero de unión.

Mampostería ordinaria	Mampostería careada	Mampostería concertada	Sillarejo	Sillar
Piedras sin labra, de tamaños diferentes y sin orden de hiladas	Piedras con o sin labra	Piedras más regularizadas en forma poligonal mediante labra (mayor asiento)	Sillar pequeño y de labra tosca	Piedras regulares labradas
Apariencia irregular	Apariencia más regular en su cara exterior	Apariencia más regular	Apariencia más regular	Apariencia regular

Colocación de la piedra en el muro, desde la mampostería al sillar. Elaboración propia.

Los egipcios trabajaron la piedra en sus construcciones monumentales, sobre todo en la época de las grandes pirámides de Guiza, durante la IV dinastía. Más tarde en el tiempo, la estructura interna de otras pirámides posteriores será realizada con ladrillo. Al exterior se mantendrá la misma apariencia gracias a la utilización de la caliza blanca de Tura, convenientemente pulida en su acabado final.

Dos momentos importantes hay que tener en cuenta. El primero de ellos tiene que ver con la extracción de los materiales. En el caso de la piedra, mediante el trabajo realizado en las canteras. El segundo, plantea un problema sobre cómo se trasladan esos pesados materiales a la obra. Luego, una vez allí, también es relevante saber cómo se colocan o disponen esos materiales en el edificio a construir. Todo ello genera no pocos problemas y costes, que hay que tener en cuenta, tanto en términos económicos como de tiempo.

La piedra se extraía a pie de cantera, utilizando para ello herramientas de cobre. En este primer momento, se delimita y marca la forma del sillar. Luego, se introducen cuñas, por lo general de madera, que al dilatarse rompen la piedra. De esta forma, aparentemente sencilla, el sillar se desprende de la roca. Aquí mismo se realiza el desbastado de la piedra. Finalmente, se transportaban los sillares hasta el lugar de construcción, donde se daban los últimos retoques. Aquellas piedras que iban a utilizarse para recubrir el exterior se trabajaban con especial empeño, para que el acabado final fuera perfecto.

La existencia de numerosas canteras a lo largo de Egipto facilitó que el trabajo principal, en esta arquitectura monumental, se realizara en piedra. Las más utilizadas fueron la caliza y la arenisca. En menor medida también se utilizó el granito rosado de Asuán que, por su mayor dureza, necesitaba de un esfuerzo superior para su extracción.

No sabemos con exactitud cómo se construyeron las pirámides, aunque sí que parece bastante cierto que fue un sistema de rampas el que permitió levantar tan extraordinarias estructuras. Se han planteado diversas hipótesis, desde la utilización de una única rampa principal, hasta el uso de una interior. Lo cierto es que los sillares fueron extraídos de canteras más o menos próximas, y que para su traslado pudo ser utilizada la fuerza humana, la animal e incluso canales de agua que llegaban a las proximidades de Guiza, siendo ésta una de las últimas teorías esbozadas.

Material gráfico: Egipto

Pirámide escalonada de Zoser en Saqqara, 2650 a.C. Imagen: "Creative Commons" por Berthold Werner, bajo licencia de documentación libre de GNU.

Restos de la pirámide de Meidum con la estructura central al descubierto. S. XXVI a.C. Imagen: "Creative Commons" por <u>Kurohito</u>, licencia <u>CC BY-SA 3.0</u>.

Las pirámides de Guiza. Imagen: "Creative Commons" por <u>Robster1983</u>, licencia <u>CC0 1.0 Universal</u>.

Interior de la pirámide de Keops. La gran galería, dibujo realizado para la *Description de l'Égypte*. Imagen: "Creative Commons", en <u>dominio público</u>.

Este pasillo interior está cubierto con falsa bóveda, técnica que permite cubrir un espacio con mayor resistencia que la que ofrecen las techumbres planas, en un momento en el que no se habían desarrollado de forma efectiva las soluciones de abovedamiento. La falsa bóveda se construye por aproximación de hiladas horizontales, reduciendo el espacio entre los muros de manera ascendente y escalonada, más ancho en la base, más estrecho en el remate o cierre.

Entrada original a la gran pirámide de Keops. Imagen: "Creative Commons" por Olaf Tausch, bajo licencia de documentación libre de GNU.

Si observamos la imagen vemos la forma triangular que ofrecen estos bloques de piedra. La manera de colocar este triángulo de descarga responde a la necesidad de abrir una abertura en el muro. Si se hubiera optado por una estructura adintelada, el peso del muro, y de todos los sillares que vemos de gran tamaño, recaería sobre el dintel de forma excesiva, provocando quizá su ruptura. Con este sistema, las fuerzas y empujes del muro hacia la abertura quedan distribuidos de una manera más eficiente y segura.

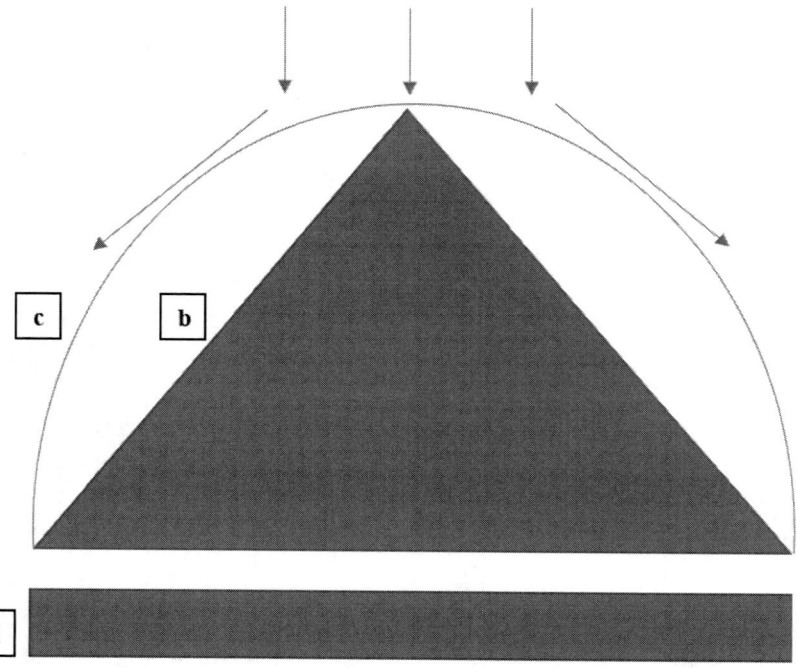

Dintel, triángulo y arco. Gráfico del autor.

Las figuras de este gráfico sirven para explicar de manera sencilla la distribución de las distintas fuerzas y empujes que se dan en arquitectura. El dintel (a), es la primera figura que nos ayuda a entender la distribución de fuerzas uniforme sobre una superficie horizontal. Al ser igual la presión ejercida por estas fuerzas y empujes a lo largo de toda la pieza, existe una mayor posibilidad de ruptura en la parte central, que sería la más débil. Mejor distribución de estas fuerzas se encuentra en la figura intermedia del triángulo (b), donde las mismas se canalizan de forma más efectiva. El arco (c) es sin duda el elemento que mejor distribuirá estos empujes, permitiendo una mejora significativa en el aspecto constructivo. En este sentido, las primeras arquitecturas serán principalmente de tipo adintelado, intentado dar soluciones a las cubriciones más complejas y pesadas mediante mecanismos de transición, como los triángulos de descarga o los falsos arcos, hasta que fueron desarrollados sistemas de cubrición abovedados más complejos.

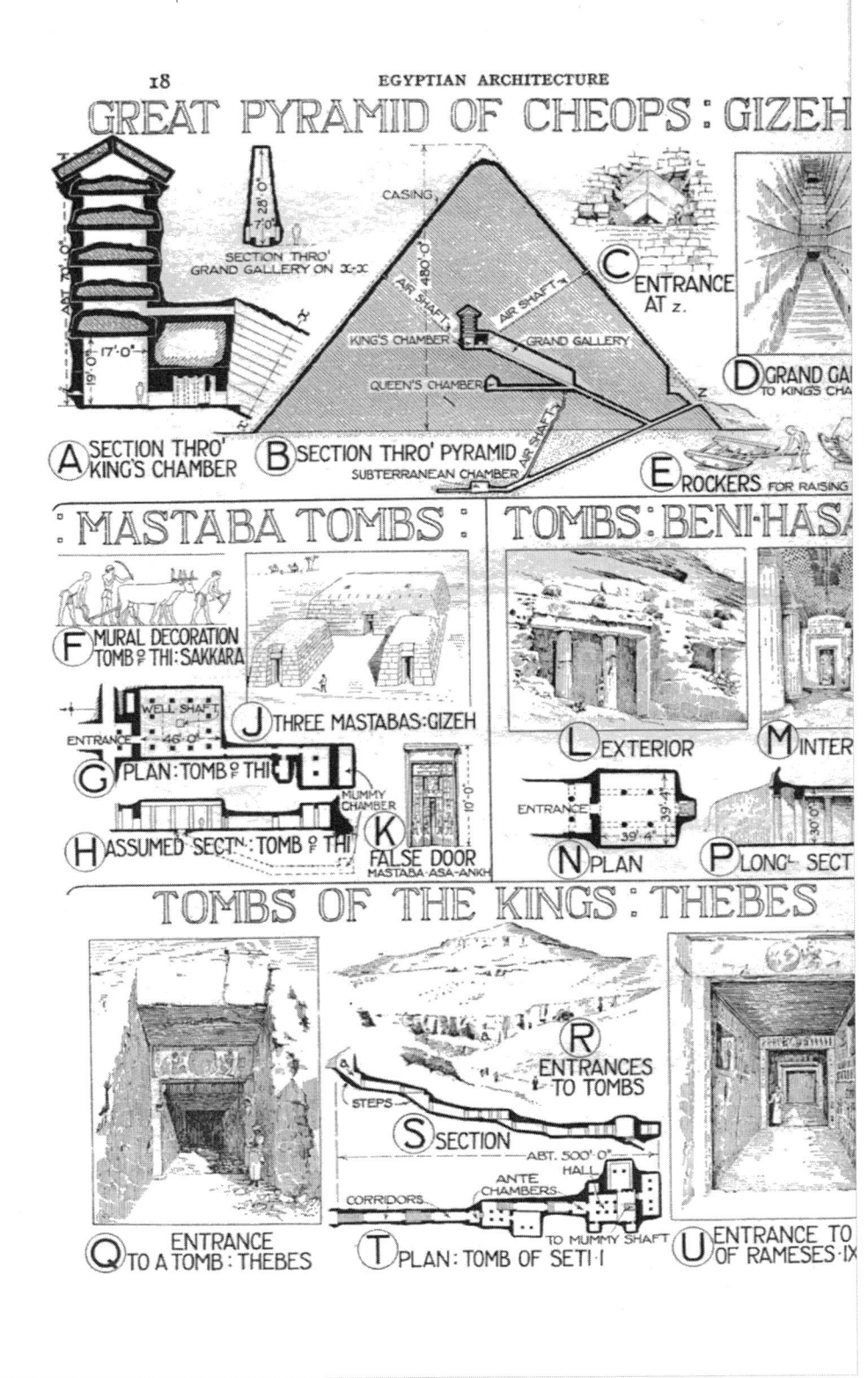

Ejemplos de construcción egipcia. Banister Fletcher. *A history of architecture on the comparative method.* 14th edition. London: B. T. Batsford Ltd., 1948, p. 18. Colección propia.

Cámara funeraria de la pirámide de Meidum. Imagen: "Creative Commons" por Jon Bodsworth, bajo licencia copyrighted free use.

Como podemos ver, la cubrición de la sala más importante de la pirámide se realizó con falsa bóveda, siendo esta la técnica elegida de forma habitual durante el periodo para distribuir convenientemente las fuerzas y cargas que se concentraban en este punto del edificio, ante la necesidad de crear un espacio cubierto. La figura del triángulo, como hemos visto, es sin duda fundamental para solucionar el problema del cierre de espacios en estructuras pesadas, a partir de hiladas horizontales que se van cerrando a medida que el muro asciende hasta su cierre.

Interior de la cámara funeraria de la pirámide de Keops. Imagen: "Creative Commons" por Jon Bodsworth, bajo licencia copyrighted free use.

Si observamos esta estancia vemos que se cubre con un espacio adintelado, pero después de lo que hemos visto, ¿cómo es posible? La verdad es que el espacio adintelado es solo la parte más visible de un complejo sistema de cubrición, que está pensado para ofrecer finalmente la imagen de un techo plano. Veamos pues qué es lo que se hizo para poder colocar un techo de estas características en el lugar central de la pirámide, donde se sitúa la cámara funeraria, espacio que, por otro lado, es el que mayor peso recibe de toda la construcción, por la gran cantidad de materiales que se encuentran por encima de la estancia.

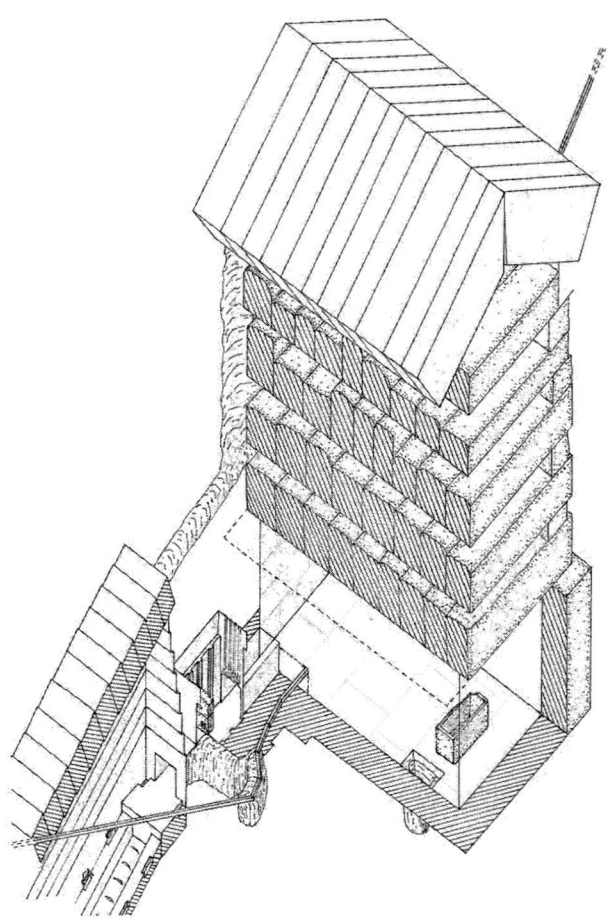

Sistema de cubrición de la cámara del rey en la pirámide de Keops. Imagen: "Creative Commons" por Franck Monnier, bajo licencia de documentación libre de GNU.

Como vemos este sistema complejo pasa de nuevo por incorporar un triángulo de descarga que de forma muy eficiente diluye hacia ambos lados los empujes principales del edificio hacia los laterales. Además, diferentes elementos horizontales, cámaras, vuelven a disipar y repartir estas fuerzas, creando un sistema complejo y efectivo de distribución de éstas. No obstante, todavía sigue en estudio el uso de estos elementos planos y su función. Con el empleo de esta técnica se hizo posible incorporar una cubierta plana, algo totalmente novedoso en la época, por la dificultad de emplear esta cubrición plana realizada con granito (una piedra de gran dureza y evidentemente pesada), en el espacio más importante de la pirámide, y con una amplitud y envergadura de la misma techumbre nunca visto. Todo ello sin comprometer la estructura de la pirámide ni la integridad de la sala a lo largo del tiempo, durante milenios.

Sala hipóstila de Karnak. Imagen: "Creative Commons" por Kurohito, bajo licencia de documentación libre de GNU.

El templo de Karnak nos permite hablar de la arquitectura adintelada realizada en Egipto, siendo esta la manera preferente para cubrir los diferentes espacios. Las columnas monumentales y los potentes dinteles son las características más notables de esta sala de Karnak. Este sistema permite cubrir los espacios entre columnas con poderosas losas o dinteles, cuyo trabajo requirió el desarrollo de técnicas complementarias como es la utilización de ladrillos y arena, que llenarían el espacio hasta la línea de cubrición, posibilitando el arrastre de los dinteles hasta su punto de colocación.

Capiteles y columnas del antiguo Egipto. Banister Fletcher. *A history of architecture on the comparative method*. 14th edition. London: B. T. Batsford Ltd., 1948, p. 43. Colección propia.

Templo funerario de Hatshepsut. Capilla de Hathor, con capiteles hathóricos. Imagen: "Creative Commons" por lienyuan lee, bajo licencia CC BY 3.0.

No es de extrañar que los egipcios encontraran la fuente de inspiración para decorar sus columnas y capiteles en aquellos elementos que tenían que ver con su cultura, su paisaje o su sistema de creencias; incluida la observación de la cúpula celeste donde quedaban proyectadas sus deidades, a través de estrellas y constelaciones. De esta forma, representaron papiros, lotos y palmeras, pero también mostraron a sus dioses con un evidente sentido estético y simbólico, como parte de la misma arquitectura.

Templo del Valle de Kefrén. Sillería engatillada (encajada). Imagen: "Creative Commons" por A. Parrot, licencia CC BY-SA 4.0.

Las civilizaciones y pueblos, cuya arquitectura estudiamos en esta asignatura, van recorriendo un eje geográfico imaginario, del Este hacia el Oeste: desde las tierras situadas en el llamado creciente fértil, con Mesopotamia y Egipto como focos principales, hasta las posteriores culturas prehelénicas, y las siguientes de Grecia y Roma, entre otras... Todas ellas con sus rasgos distintivos propios, en momentos cronológicos diferentes. Este sentido evolutivo vendrá marcado, además, por el desarrollo de los tipos arquitectónicos, en el que tendrán que ver algunos elementos: la pericia en el uso y disponibilidad de los materiales principales empleados en la construcción de edificios y, también, los rasgos propios y la idiosincrasia de cada una de estas culturas. Estos elementos ayudarán a definir una arquitectura diferente en cada momento y lugar.

El llamado período prehelénico se ha entendido como precursor del arte griego, por lo menos en parte de la bibliografía. Se diferencian dos núcleos o focos principales: el minoico o cretense, por desarrollarse en la isla de Creta, donde estudiaremos las características y elementos más sobresalientes de algunos de sus edificios principales, y el micénico, con la antigua ciudad de Micenas como foco principal, de donde toma el nombre. También son importantes para la evolución de las técnicas, acercarnos a otros ejemplos, con arquitecturas desarrolladas en distintos lugares de la Grecia continental, en este momento de la historia.

Técnicas y elementos arquitectónicos: periodo prehelénico

A partir de la piedra y la madera como materiales fundamentales se llevan a cabo diversos tipos de construcción. La arquitectura cretense, también llamada minoica, es adintelada, sin embargo, la micénica, emplea diferentes tipos de cubrición: adintelada, bóveda falsa por aproximación de hiladas, cubierta a dos aguas y recubierta por tejas, dependiendo en gran medida del clima de cada lugar, siendo el sistema adintelado el utilizado en tierras con menor índice pluvial y a dos aguas, cuando las lluvias son mayores. Esta última cubrición, a dos aguas recubierta de teja, antecede a la utilizada en la arquitectura griega clásica. El palacio es el edificio de referencia de la arquitectura minoica. El más conocido de ellos es el de Cnosos, que por su entramada planta llegó a identificarse con el antiguo laberinto del minotauro. Por este motivo, y por su parecido con el famoso laberinto, se llamó a esta arquitectura minoica, en relación con la antigua historia del rey Minos y el encierro del minotauro. Por su localización geográfica a la arquitectura de este lugar también se le llamó arquitectura cretense, por ser la propia de la isla homónima. La estructura es ya compleja en este momento, múltiples salas y espacios condicionan su diseño, así como un sistema de desagüe también importante, de ahí el levantamiento de las distintas estancias del palacio en alturas diferentes o terrazas, que facilitarían la entrada y el desalojo del agua. En esta arquitectura encontraremos elementos muy característicos del periodo, como la columna troncocónica invertida, la construcción de muros de mampostería con refuerzos de madera, y la cubrición adintelada con vigas cruzadas en sentido ortogonal. Sobre éstas, grandes losas, perforadas para la entrada de luz, terminan de definir la techumbre. Sin embargo, en la arquitectura micénica, llamada así, como hemos dicho, por tener su centro principal en la ciudad de Micenas, encontraremos otras características. Aquí veremos algunos de los más importantes ejemplos de los triángulos de descarga y la utilización de grandes y pesados bloques monolíticos de piedra, así como uno de los espacios cupulados, cubierto con falsa cúpula, más inspirados de la antigüedad, siendo el Tesoro de Atreo (Tholos) un ejemplo muy destacado de ello.

Material gráfico: periodo prehelénico

Mapa de la antigua Grecia, incluidos los territorios de las culturas prehelénicas. Imagen: "Creative Commons" por SaxumLeft, a partir del trabajo de Marsyas, bajo licencia CC BY-SA 2.5.

Palacio de Cnosos. Arquitectura cretense. Imagen: "Creative Commons" por <u>Gary Bembridge</u>, bajo licencia <u>CC BY 2.0</u>.

La arquitectura que podemos ver hoy en este palacio está muy condicionada por los trabajos de recuperación de este lugar realizados por Arthur Evans a principios del siglo XX. El muro, construido a partir del habitual zócalo de piedra, se realizó con mampostería enripiada. Esto es, piedras irregulares y ripios, unidos posiblemente mediante un mortero ligero de barro. La pared quedaría revestida de mortero. La arquitectura de este palacio utilizó el sistema de vigas de madera para su cubrición, siendo el pórtico un lugar destacado. Las columnas troncocónicas invertidas son muy características de este momento y lugar. El fuste de color rojo quedaba cubierto con un gran ábaco de color negro.

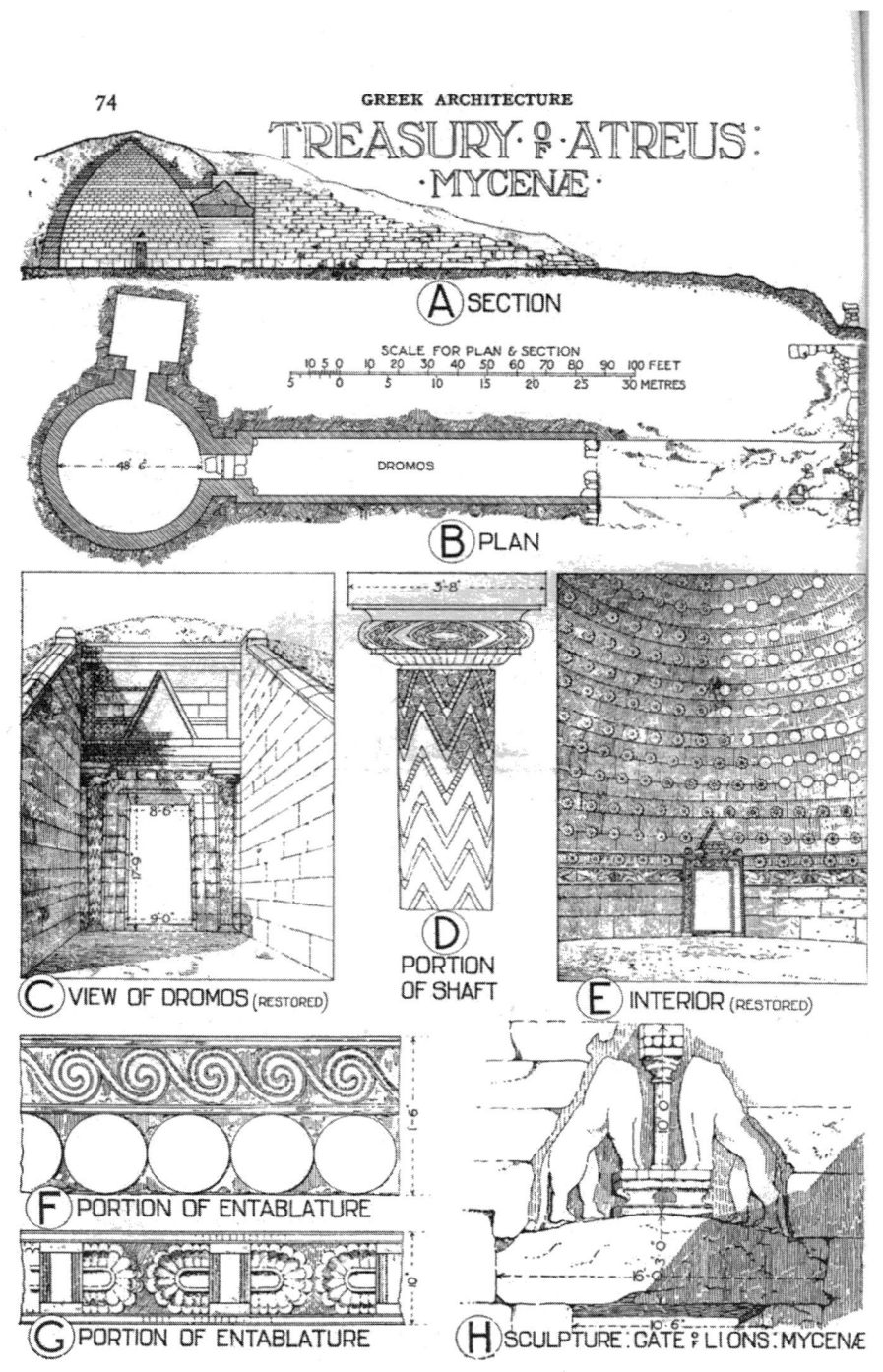

Sistema de construcción y ejemplos destacados de la arquitectura micénica. Banister Fletcher. *A history of architecture on the comparative method.* 14th edition. London: B. T. Batsford Ltd., 1948, p. 74. Colección propia.

Puerta de los leones. Arquitectura micénica. Imagen: "Creative Commons" por Vicenç Valcárcel Pérez, bajo licencia CC BY-SA 4.0.

Tesoro de Atreo, entrada. Arquitectura micénica. Imagen: "Creative Commons" por Ken Russell Salvador, bajo licencia CC BY 2.0.

Tesoro de Atreo, interior. Falsa cúpula. Arquitectura micénica. Imagen: "Creative Commons" por <u>Zde</u>, bajo licencia <u>CC BY-SA 4.0</u>.

Un tholos es una construcción de planta circular y carácter funerario, cubierto al exterior por un túmulo, cuya entrada queda definida por un dromos o corredor. El acceso al interior del tesoro se realiza por una puerta cuyo dintel queda acortado en relación con la dimensión de su base; lo que le otorga cierta apariencia trapezoidal. Al mismo tiempo, y con la intención de reducir el peso que recibe el dintel, se incorpora un triángulo de descarga, realizado por aproximación de hiladas horizontales.

Muralla de Tirinto. Interior de una casamata o galería, con falsa bóveda por aproximación de bloques ciclópeos. Arquitectura micénica. Imagen: "Creative Commons" por Ángel M. Felicísimo, bajo licencia CC BY 2.0.

Esta arquitectura se forma a partir de algunos elementos que la hacen singular. Entre ellos la utilización de los diferentes órdenes, creados ahora en base al módulo, la proporción y la harmonía entre las diferentes partes que componen una construcción, el uso del mármol como piedra preferente, por su singularidad y pureza, y el templo como tipología principal.

La arquitectura griega clásica utiliza además el sistema adintelado, y será la columna uno de sus elementos destacados. Los órdenes griegos aumentan progresivamente su complejidad y ornamento, desde el dórico inicial, más austero, hacia el corintio más ornamentado.

El mundo griego y su arquitectura se convertirán para siempre en referente de lo clásico.

Técnicas y elementos arquitectónicos: la Grecia clásica

El templo griego tiene una estructura adintelada pétrea sobre la que se coloca la cubrición a dos aguas. Este techo tiene una estructura de madera en forma triangular, realizada a partir de la viga longitudinal superior llamada cumbrera, por ser ésta la línea más elevada del techo. Este elemento separa los dos faldones de la cubierta. La estructura se completa con otros listones tanto longitudinales como transversales, todos ellos de madera. A veces se hacen algunos recortes sobre el dintel del templo, llamados durmientes, para que la estructura de madera tenga una mayor estabilidad y asiento. Sobre este armazón se colocan luego las tejas, tégulas e ímbrices, en mármol o terracota, más frecuentemente, que consiguen aislar al edificio de la climatología externa, haciendo impermeable el espacio interior. Además, el espacio que quedó disponible entre la triangulación de la cubrición y el espacio adintelado en los frentes del edificio determinó la aparición del frontón, cuya utilización como elemento decorativo es conocida.

La proporción entre las distintas partes de un edificio vino determinada por el orden, que establece una relación entre cada una de las partes que componen una construcción y el todo, dando como resultado un edificio harmónico, es decir bello, al entender de los griegos.

El módulo es la medida en la que se basa el orden para obtener la proporción del edificio, ofreciendo, a partir de su multiplicación, las medidas de las distintas partes. Este módulo parte del imoscapo, que es el diámetro inferior del fuste de una columna. Imaginemos un corte transversal en la parte inferior de una columna. Esto nos dejaría a la vista una superficie circular, en la que podríamos medir el diámetro de la circunferencia o imoscapo. La mitad del imoscapo es pues la medida utilizada por los griegos como módulo. Es decir, el módulo es igual a la medida del radio tomada de la parte inferior del fuste de una columna hipotética. A partir de esta medida se calculan las demás. Por ejemplo, las medidas de un alzado dórico se calcularían de la siguiente manera: el entablamento se compone de 4 módulos totales, de estos la cornisa tiene 1 + 1/2, el friso 1 + 1/2 y el arquitrabe 1. La columna estará formada por el capitel, de 1 módulo, el fuste de 15 y 0 para el valor de la basa, ya que este orden no tiene basa, lo que supone 16 medidas para esta otra parte. En el caso que utilicemos un valor de módulo igual a 50 cm, las medidas serían las siguientes: entablamento, 2 metros totales (0,50 cm x 4); columna, 8 metros totales (0,5 cm x 16). Altura total del alzado del edificio, con estas partes calculadas, sería de 10 metros.

ORDEN		Dórico	Jónico	Corintio
Entablamento	*Cornisa*	1 + ½	1 + ¾	2
	Friso	1 + ½	1 + ½	1 + ½
	Arquitrabe	1	1 + ¼	1 + ½
	Total, entablamento	4	4 + ½	5
Columna	*Capitel*	1	1	2 + ⅓
	Fuste	15	16	16 + ⅔
	Basa	0	1	1
	Total, columna	16	18	20
	TOTAL, ORDEN	20	22 + ½	25

Sin embargo, esta precisión matemática debía someterse a diferentes correcciones, ya que la visión de estos edificios casi perfectos se veía comprometida por la misma rectitud y diseño de los edificios. En otras palabras, para que un edificio apareciera esbelto y proporcionado, recto en todas sus partes, se debían incorporar algunos mecanismos que tenían como objetivo dar esa apariencia de perfección mediante correcciones ópticas. Por este motivo, se tendía a elevar el estilóbato en su centro, para evitar la sensación de derrumbe interior del edificio, se tumbaban ligeramente las columnas hacia el interior, o se ampliaba el diámetro del fuste en el centro... todo ello para buscar la ilusión óptica de excelencia arquitectónica.

Acrópolis de Atenas. Imagen: "Creative Commons" por <u>Aleksandr Zykov</u>, bajo licencia <u>CC BY-SA 2.0</u>.

Partenón, Acrópolis de Grecia. Edificio dórico. Imagen: "Creative Commons" por <u>Phanatic</u>, bajo licencia <u>CC BY-SA 2.0</u>.

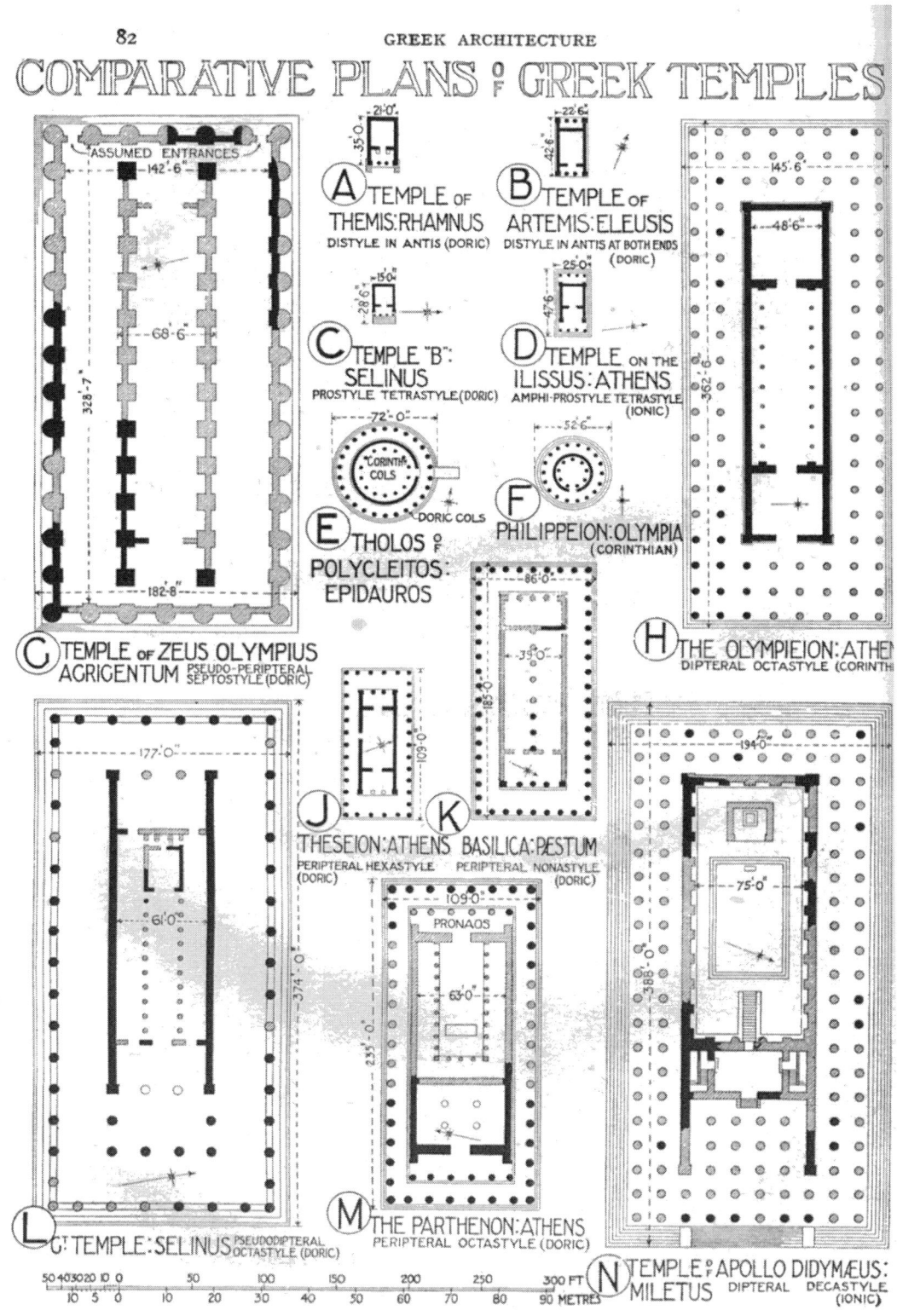

Ejemplos de plantas griegas. Banister Fletcher. *A history of architecture on the comparative method*. 14th edition. London: B. T. Batsford Ltd., 1948, p. 82. Colección propia.

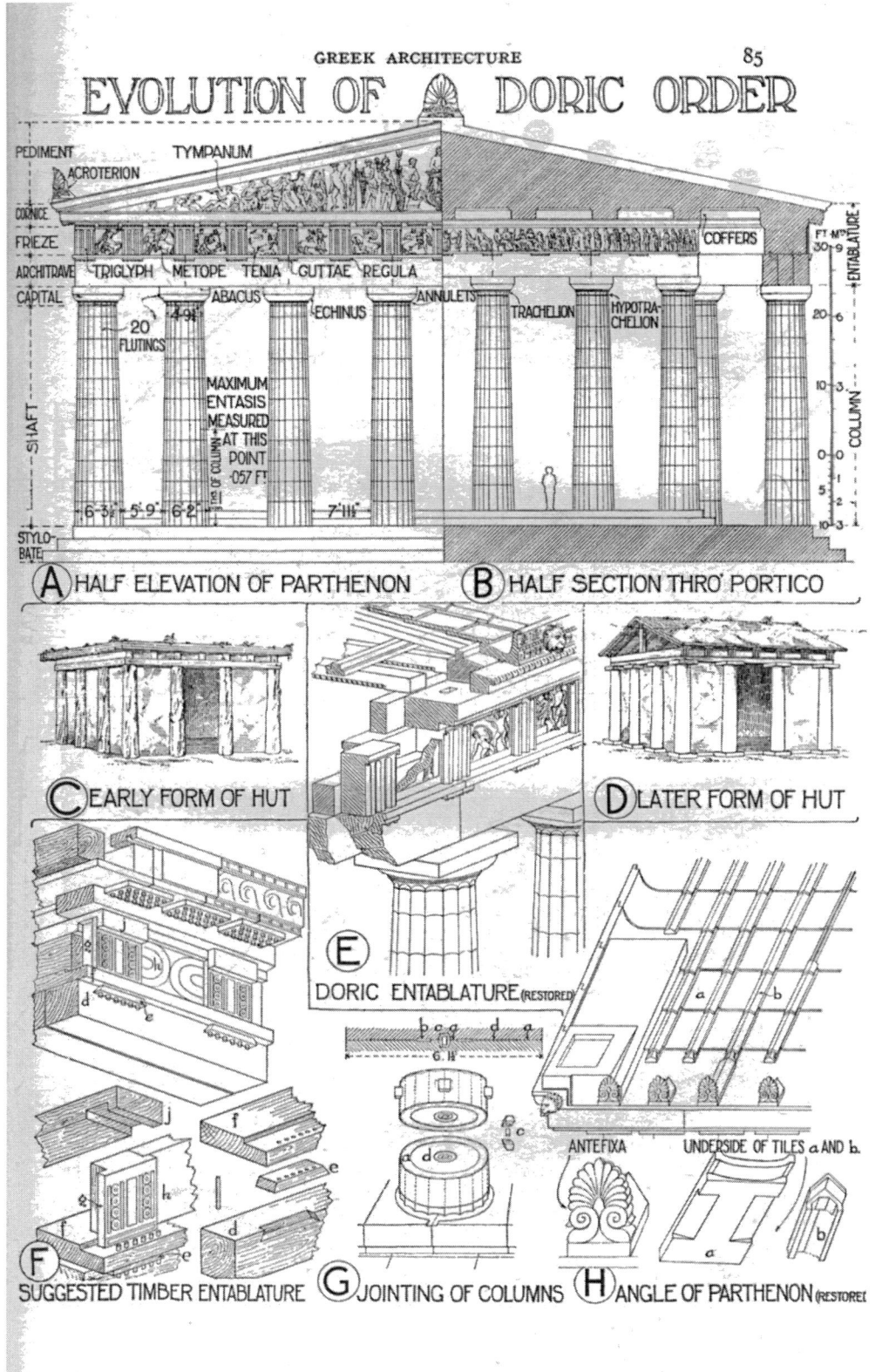

Evolución del orden dórico. Banister Fletcher. *A history of architecture on the comparative method.* 14th edition. London: B. T. Batsford Ltd., 1948, p. 85. Colección propia.

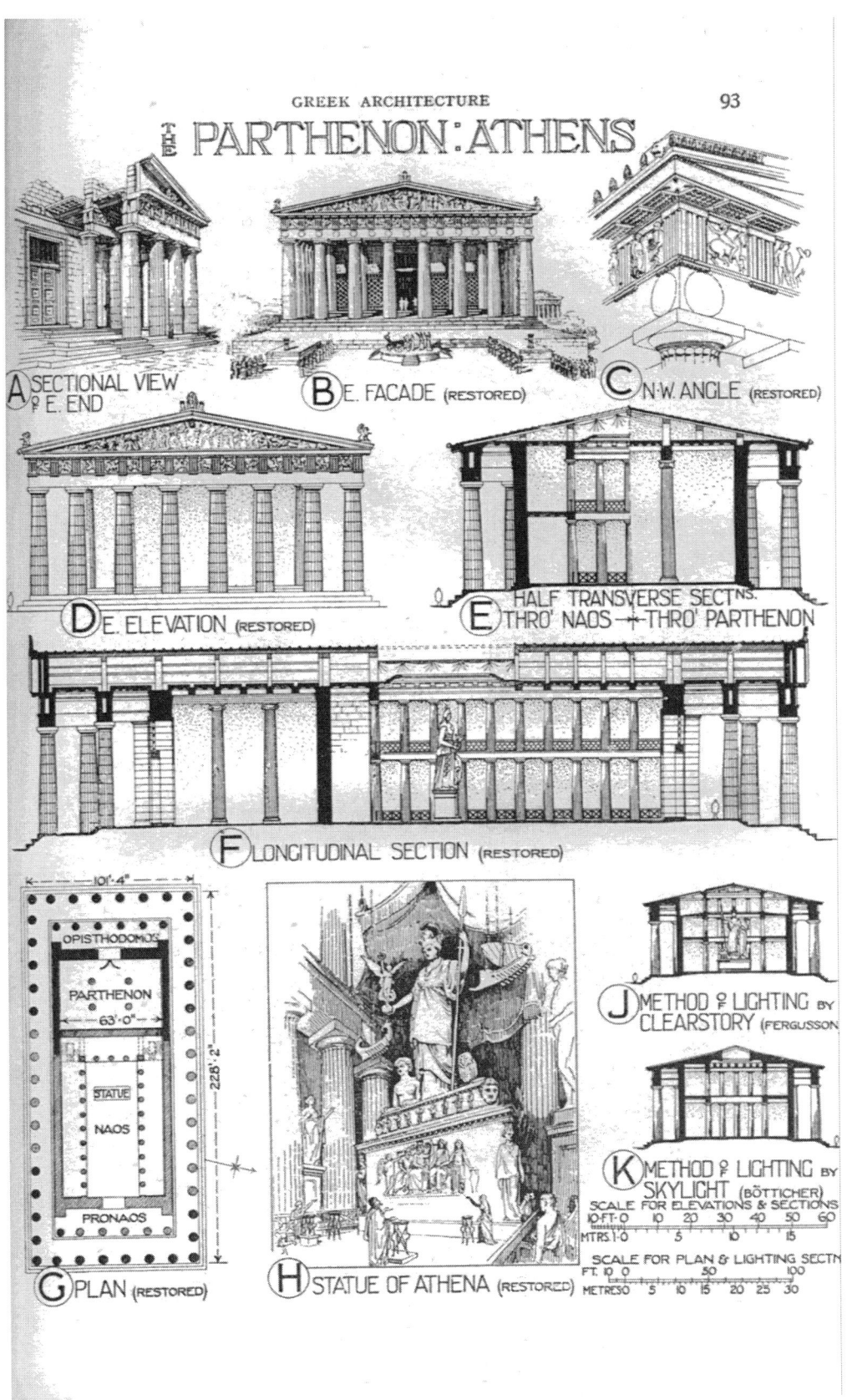

Dibujos y planos del Partenón de Atenas. Banister Fletcher. *A history of architecture on the comparative method*. 14th edition. London: B. T. Batsford Ltd., 1948, p. 93. Colección propia.

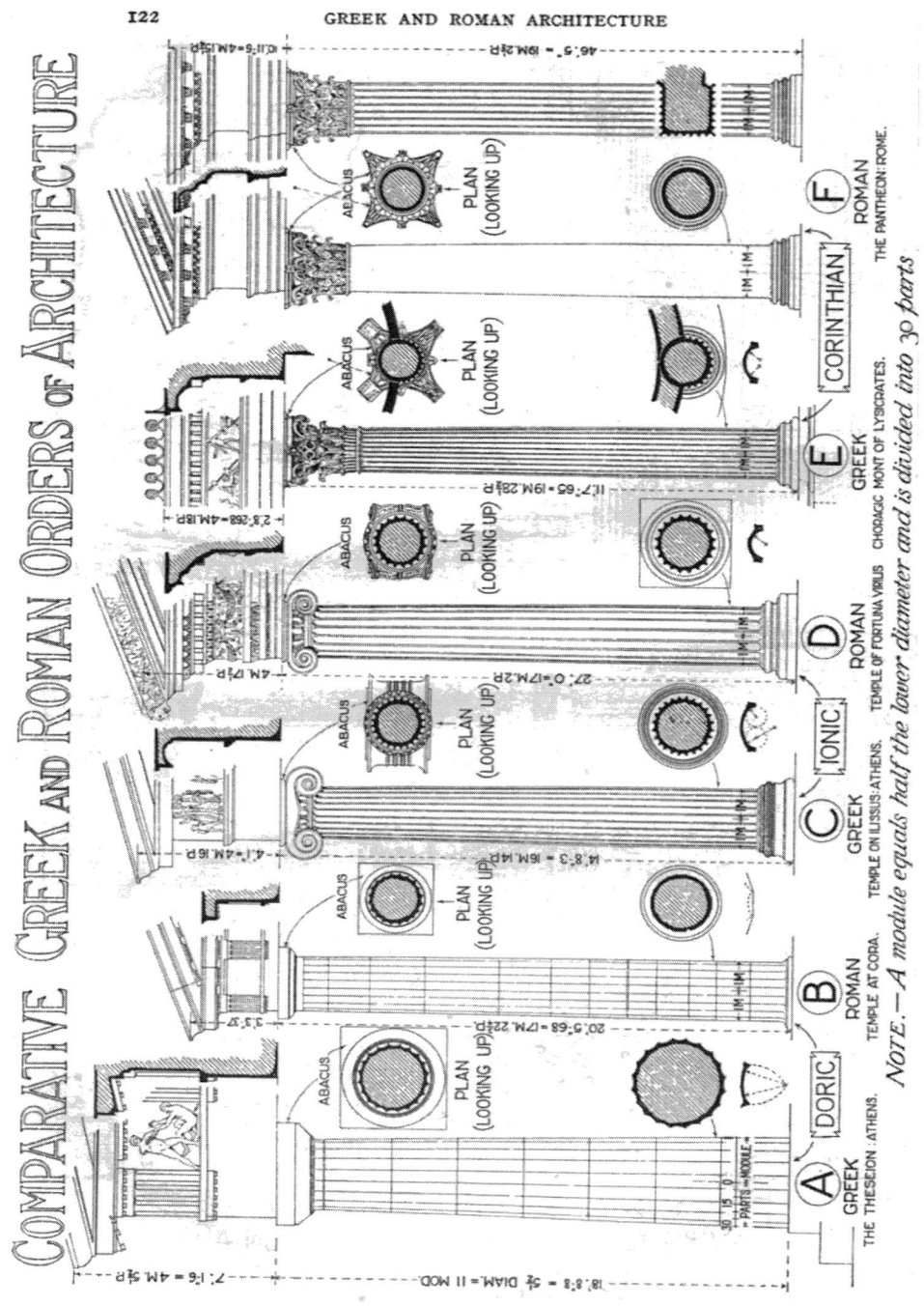

Dibujo comparativo de los órdenes griegos y romanos. Banister Fletcher. *A history of architecture on the comparative method*. 14th edition. London: B. T. Batsford Ltd., 1948, p. 122. Colección propia.

A PEDESTAL: PRIENE

B AN ACROTERION

C DETAIL OF CAP AT a

SIDE

FRONT

D A CANEPHORA

SANCTUARY

SUNKEN AREA ABT 210·0

E KEY PLAN

F

G STELE

H SANCTUARY ? THE BULLS: DELOS: ELEV. AT a

J CARYATID: ERECHTHEION

Ornamento griego. Banister Fletcher. *A history of architecture on the comparative method.* 14th edition. London: B. T. Batsford Ltd., 1948, p. 129. Colección propia.

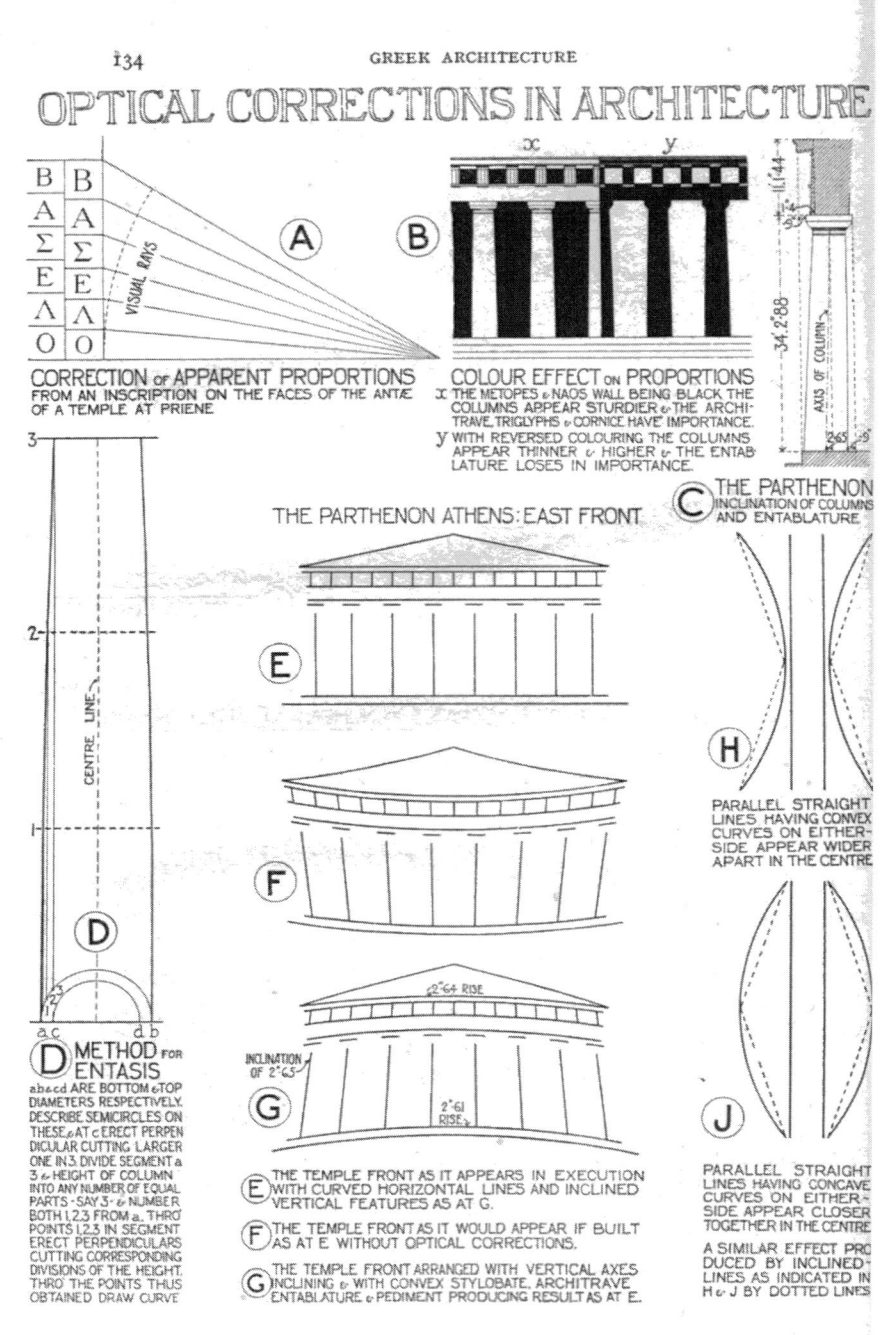

Correcciones ópticas en arquitectura. Banister Fletcher. *A history of architecture on the comparative method.* 14th edition. London: B. T. Batsford Ltd., 1948, p. 134. Colección propia.

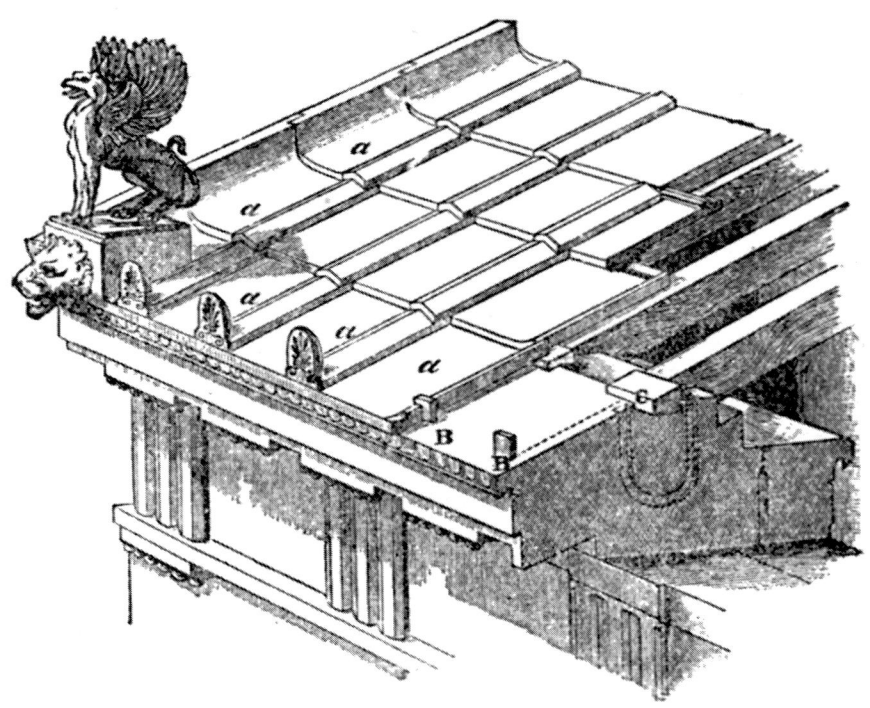

Disposición de tégulas e ímbrices en cubrición griega. De mármol o terracota, las piezas se disponían sobre el armazón de madera. *Encyclopædia Britannica*, edition 11, vol. 26, "Tile". Imagen bajo licencia CC BY-SA 4.0.

Columnas del Partenón, compuestas por suma de tambores. Imagen: "Creative Commons" por George E. Koronaios, bajo licencia CC BY-SA 4.0.

Ejemplo de anatirosis: piedra restaurada (abajo), piedra antigua (superior). Erecteion de Atenas. Imagen: "Creative Commons" por Nefasdicere, bajo licencia de documentación libre de GNU.

La unión entres sillares se hacía con grapas de hierro de diferentes formas (doble T, S, planas, ...). El procedimiento pasaba por hacer un cajeado con la forma seleccionada en las dos piezas a unir, se insertaba la grapa y se vertía plomo fundido que protegía al hierro de la oxidación.

En las columnas, el ensamblaje de los distintos tambores que constituyen el fuste seguía un procedimiento de unión similar. Un sistema mecánico movido por poleas y cuerdas (cabria) elevaba las diferentes piezas. Un tambor se unía al siguiente mediante un vástago situado en la parte central del cilindro, lo que facilitaba una perfecta unión entre ambos. El trabajo de la piedra en cada una de las piezas era fundamental, ya que se alisaban los asientos circulares de las bases, que constituían el punto de contacto de todo el bloque, garantizando así la estabilidad y fijación de los tambores, mientras que se rebajaban las zonas interiores. A este procedimiento se le llama anatirosis, siendo también utilizado en la unión entre sillares. Esta técnica utilizada ya antes fue muy empleada por griegos y romanos especialmente, permitiendo de esta forma una mejora significativa en el tiempo necesario empleado en unir los distintos bloques, dando como resultado un perfecto apoyo de estos, lo cual es además necesario para garantizar la estabilidad general del edificio.

La arquitectura persa aqueménida

Simultáneo prácticamente en el tiempo con la Grecia del período clásico se levanta el gran complejo de Persépolis. Aquí las columnas revierten un interés principal por lo singular de su concepción, dentro de la monumentalidad que domina el conjunto. Las referencias a distintas culturas son asumidas ahora bajo el dominio del pueblo persa aqueménida, desde una óptica singular que reinterpreta e hibrida formas de procedencia dispar.

Material gráfico: arquitectura persa aqueménida

Imagen panorámica de Persépolis. Imagen: "Creative Commons" por <u>Diego Delso</u>, bajo licencia <u>CC BY-SA 4.0</u>.

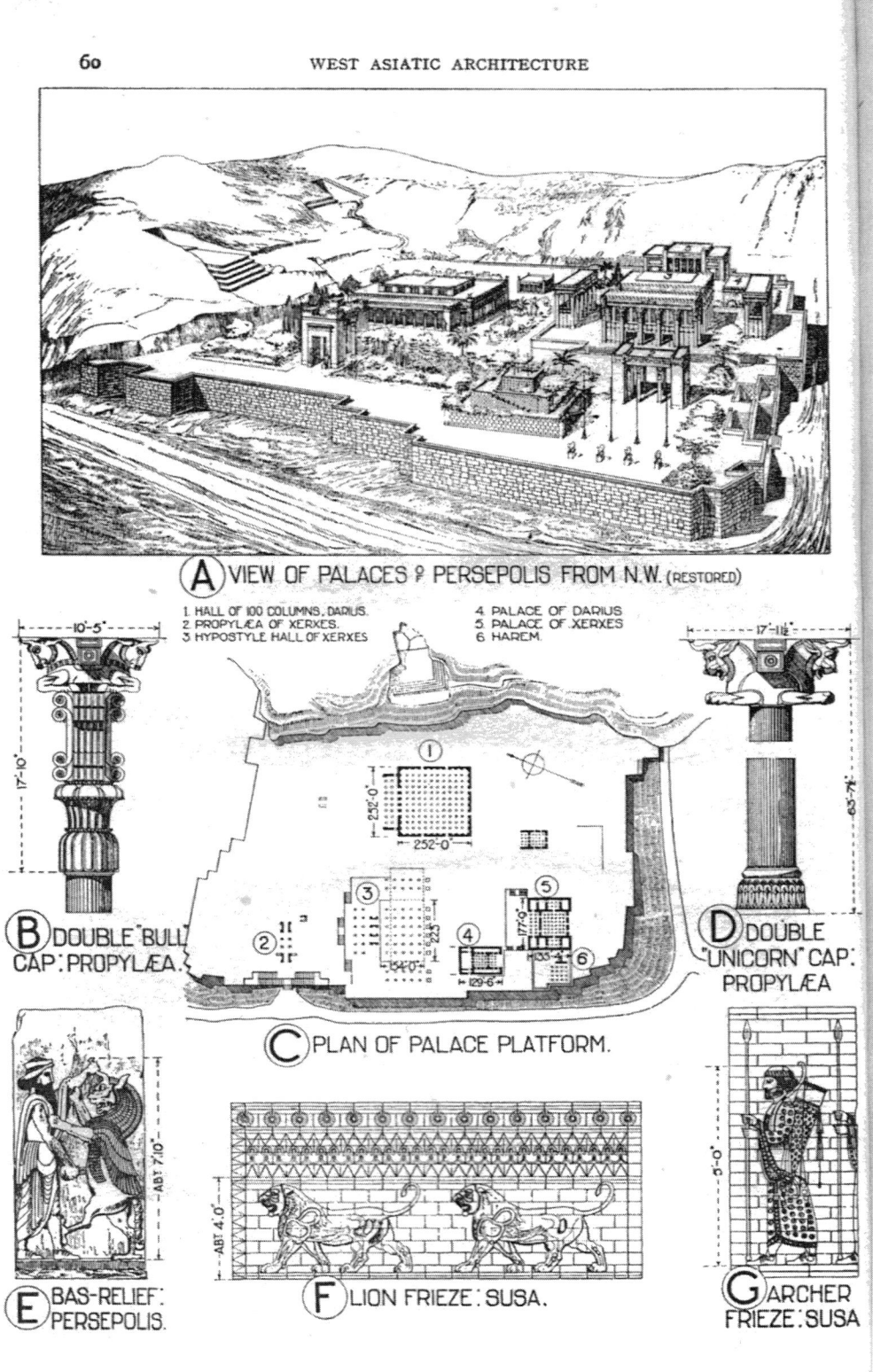

Dibujo, plano y detalles constructivos de Persépolis. Banister Fletcher. *A history of architecture on the comparative method.* 14th edition. London: B. T. Batsford Ltd., 1948, p. 60. Colección propia.

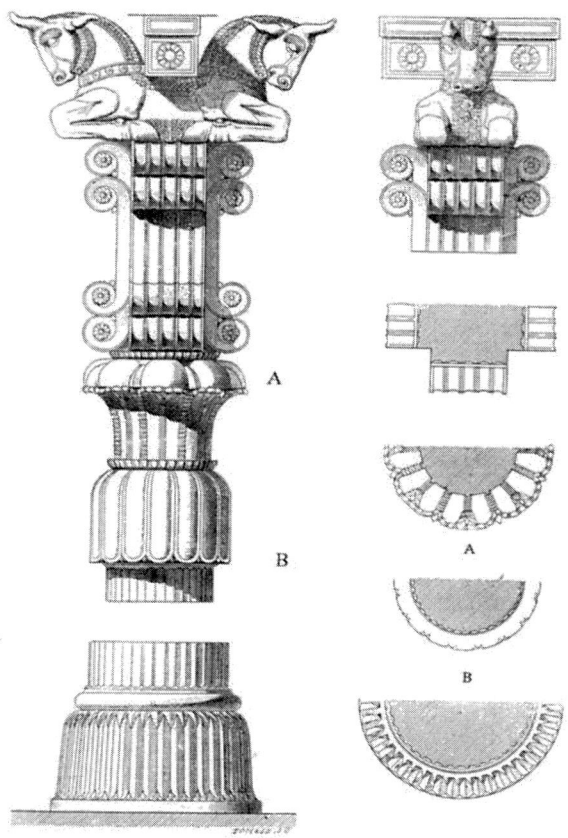

Columna de la Apadana, Persépolis, por Eugène Flandin, 1840. Imagen: "Creative Commons" por Eugène Flandin (1809-1876) author; Pascal Coste (1787-1879) artist; and Emile Edmond Ollivier (1800-1864) etcher., dominio público.

Base campaniforme, fuste acanalado, capitel de concepción compleja de doble voluta, y formas de animales (prótomos) opuestas que sostienen el dintel para la sujeción de vigas. Las distintas partes de la columna muestran referencias culturales diferentes que son asumidas por el pueblo persa: fuste estriado y capitel de volutas del mundo griego, capitel de tipo vegetal de la arquitectura egipcia, etc.

Capitel persa, Persépolis. Imagen: "Creative Commons" por <u>Luis Argerich</u>, bajo licencia <u>CC BY 2.0</u>.

Columnas persas, Persépolis. Imagen: "Creative Commons" por <u>Diego Delso</u>, bajo licencia <u>CC BY-SA 4.0</u>.

La expansión del Imperio Romano no puede entenderse sin el desarrollo de la urbe, y sin la construcción de una potente arquitectura civil y pública, facilitada enormemente por el uso de un nuevo material: el cemento. La vivienda conocerá también un importante desarrollo, no solo en el tipo *domus*, sino, sobre todo, en las *insulae*, edificios de viviendas construidos en altura, muy similares a los de hoy.

La función determina la forma en arquitectura, como sucede en el anfiteatro romano. Su planta circular permite dotar de iguales puntos de vista a los espectadores. Es el Coliseo de Roma el ejemplo más conocido y logrado. Esta famosa arquitectura es obra meritoria por múltiples razones, siendo su construcción un importante hito de la tecnología romana, aplicada al arte de construir. Los diferentes pisos quedan recorridos por el arco romano, si bien, están supeditados por el dintel superior que define además las diferentes plantas; siendo éste un elemento evocador de las culturas anteriores, sobre todo en referencia a las potentes cornisas de la Grecia clásica, y nos recuerda la presencia fundamental de la arquitectura adintelada en las primeras civilizaciones.

Es importante señalar también las distintas disposiciones del muro y los pavimentos mediante el análisis y descripción de los diferentes tipos. En general, en la composición del muro debemos observar los materiales que se utilizan, el tamaño de cada una de las piezas que lo componen, si son o no regulares y cómo se ordenan y colocan en las sucesivas filas. Los romanos en esto fueron especialmente hábiles, desarrollando los *opus*, con sus características peculiares.

Otros edificios y elementos arquitectónicos han destacado como se sabe por distintas razones: la poderosa cúpula del Panteón de Agripa, cuyo estudio es obligado, y otras tipologías que conocieron un éxito singular en periodos posteriores, como la basílica.

Técnicas y elementos arquitectónicos: Roma

Entendemos como muro a la pared o tapia que se levanta verticalmente y sirve para cerrar un espacio o sujetar otra estructura (la cubrición).

Entendemos como aparejo a la disposición y organización de los diferentes elementos en un muro o una bóveda. Este aparejo se diseña con diferentes formas y patrones según las diferentes culturas y periodos. Una primera clasificación tiene que ver con la utilización de elementos regulares o irregulares para componer el muro. Así pues, la importancia del muro radica en su estructura y organización.

Los romanos usaron preferentemente algunos materiales, tales como la piedra calcárea, el mármol helénico, el granito egipcio, el travertino, la toba volcánica, el ladrillo y el adobe, además de otros materiales locales, que determinarán, junto con la organización en el muro de estos, la apariencia de los distintos *opus* (véase la *Guía visual de la arquitectura en el mundo antiguo*, Cátedra, 2021, p. 385). Algunos de estos materiales, los más lujosos, solían revestir a los muros cuyo interior estaban hechos de un material tan poco ostentoso como el ladrillo. Por este motivo, las *cubilia*, placas de mármol o alguna otra piedra de calidad, se colocaban al exterior de las paredes mediante grapas o mortero. Esta técnica sigue siendo utilizada en construcciones modernas, en edificios por ejemplo de viviendas, donde las zonas de acceso y plantas bajas, en interior y fachada, se recubren con placas de materiales más nobles o especiales.

"Hay también una especie de polvo de virtud maravillosa, que se cría en los contornos de Bayas, y territorios de los municipios sitos en la falda del Vesubio. Este polvo, mezclado con cal y piedra, no sólo concilia la mayor firmeza a los edificios, sino que aun las obras de mar construidas con él se consolidan debajo del agua misma".

Marco Vitrubio. *De architectura*, II-VI.

El *opus caementicium* u hormigón romano fue una de las aportaciones fundamentales de la arquitectura romana. Este compuesto está formado por un mortero hidráulico de cal o yeso, mezclado con arena o puzolana y fragmentos de piedras, ladrillos o cerámica. También podemos definir como cemento puzolánico a la mezcla o mortero que emplea para su composición cal con puzolana molida. La masa resultante tiene una gran resistencia incluso debajo del agua, como anunciaba Vitrubio. La puzolana o ceniza volcánica se obtenía de la localidad italiana de Pozzuoli en Nápoles. Sin la utilización del cemento, la expansión del Imperio no habría sido posible.

El muro romano se compondrá de un núcleo de *opus caementicium* revestido de otros materiales: piedra o ladrillo.

La construcción del muro de hormigón se hacía mediante encofrado. Se dispondrá una capa de pequeñas piedras o ladrillos. Después, se verterá el mortero. Esta operación podía repetirse en función de la altura o amplitud del muro que se pretendía construir. Una vez que el cemento fragua, se retiran las tablas del encofrado. El procedimiento recuerda, pues, a la antigua técnica del tapial. El cemento evitaba en gran medida los esfuerzos y empujes que sí tenían otros materiales como el ladrillo y la piedra.

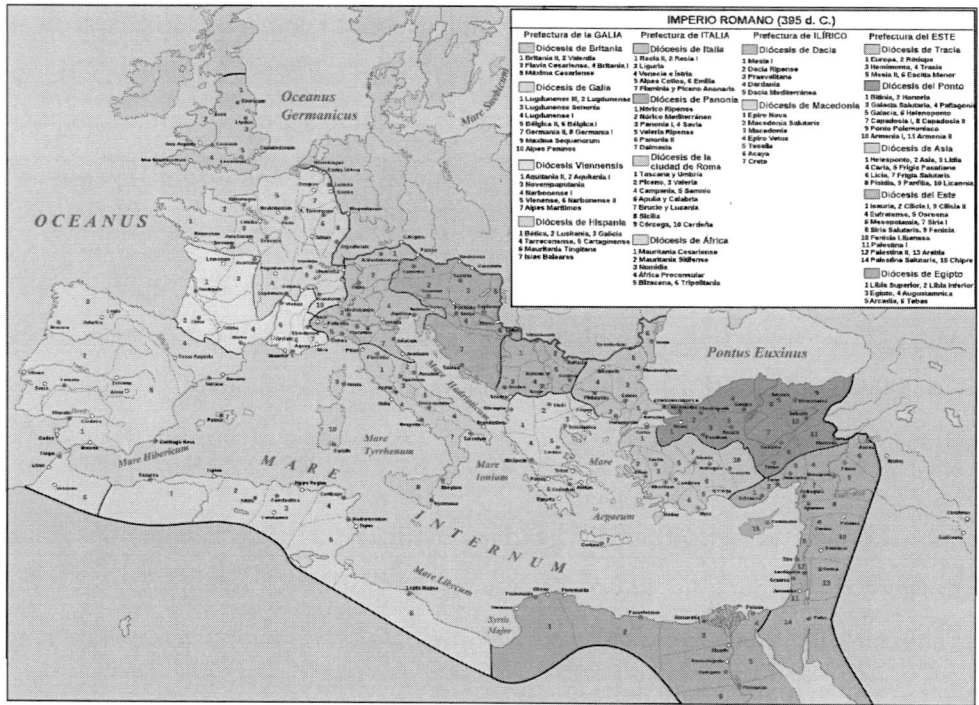

Mapa con la división administrativa del Imperio romano a la muerte de Teodosio I, basado en el mapa *Territorial Expansion of Rome* de William R. Shepherd. Imagen: "Creative Commons" por Paulusburg, bajo licencia CC BY-SA 4.0.

Opus quadratum. Acueducto de Segovia. Imagen: "Creative Commons" por David Corral Gadea, bajo licencia CC BY-SA 3.0.

El *opus quadratum* fue utilizado por griegos y romanos. Se caracteriza por emplear bloques de piedra regular de forma rectangular (sillares). La unión habitual entre las piedras era a hueso o seco, en hileras paralelas de misma altura (isodómica) o alternando distintas alturas (pseudoisodómica).

Opus reticulatum, en la Villa Adriana, Tívoli. Siglo II. Imagen: Imagen: "Creative Commons" por Pouwerkerk, bajo licencia CC BY-SA 3.0.

El *opus reticulatum* incorpora piezas de tufo o toba volcánica con formas piramidales que se insertan transversalmente sobre la estructura interna de hormigón de la pared, dejando en la superficie la base cuadrada en disposición romboidal. La repetición en el exterior del muro de estas piezas da el aspecto final de retícula o ajedrezado.

Muro en espina de pez, con la disposición en ángulo recto de los ladrillos, en el Mercado de Trajano, siglo II. Imagen: "Creative Commons" por Alf.68, bajo licencia CC BY-SA 4.o.

El *opus spicatum*, también llamado de espina de pez (espinapez), dispone en ángulo recto los ladrillos sobre el muro. Por su evidente sentido estético se utilizó tanto en paredes como en pavimentos. Más allá de Roma, este tipo de aparejo fue utilizado, con más o menos variaciones, en otros periodos y épocas, como en la famosa cúpula de Brunelleschi que abre el Renacimiento arquitectónico italiano.

Arco etrusco de Perugia. Imagen: "Creative Commons" por AliasXXoo, bajo licencia <u>CC BY-SA 4.0</u>.

Un elemento fundamental de la arquitectura romana es el arco de medio punto, que fue tomado de los etruscos, aunque con algunas diferencias entre ambos.

El arco etrusco está definido por la doble rosca. La rosca es el espacio situado entre el trasdós y el intradós. En la superficie, este elemento se define por la disposición o despiece de las diferentes dovelas que componen el arco.

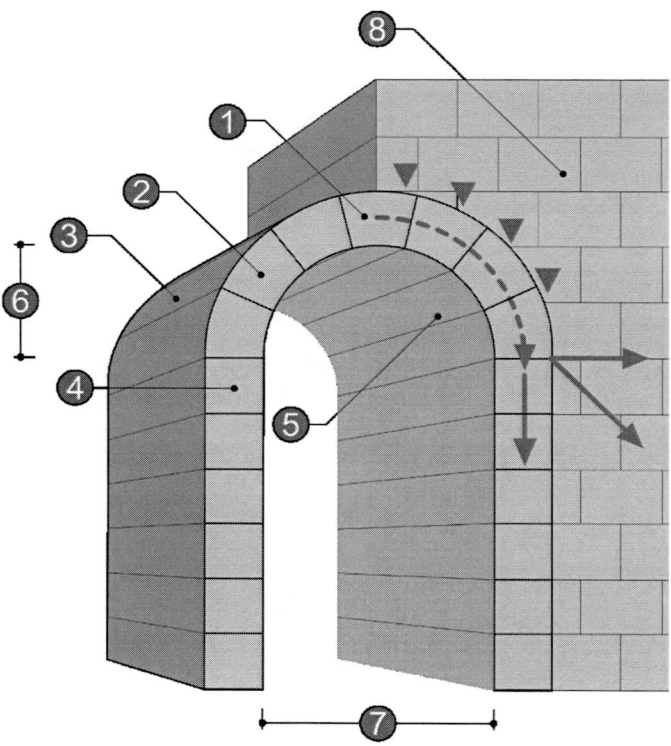

Representación gráfica esquemática de las principales partes de un arco de medio punto. Imagen: "Creative Commons" por Lusitana (original), MesserWoland (vector), bajo licencia de documentación libre de GNU.

1. Clave de arco: dovela en forma de cuña, a veces decorada, situada en el centro del arco, en la posición más elevada.

2. Dovela: sillar labrado en forma de cuña.

3. Trasdós o Extradós: cara exterior o superior de un arco o bóveda.

4. Imposta: superficie de apoyo de donde arranca el arco.

5. Intradós: superficie interior de un arco o bóveda.

6. Flecha: altura de un arco o bóveda, desde la línea de arranque hasta la clave.

7. Luz, vano: distancia horizontal entre los apoyos de un arco.

8. Contrafuerte: refuerzo del muro, utilizado para contrarrestar los empujes de un arco o de una bóveda.

Habría que añadir algunos otros, como:

- Salmer: primera dovela tras la línea de imposta, o dovelas de arranque (principio de un arco o bóveda).

- Riñón: parte curvada del arco, entre la imposta y la clave del arco.

- Arquivolta: moldura concéntrica que decora la parte superior de un arco, de una imposta a otra, sobresaliendo del muro.

Arco de triunfo romano de Dativius Victor en Maguncia (Alemania), siglo III. Imagen: "Creative Commons" por Martin C. Doege, bajo licencia de <u>documentación libre de GNU</u>.

Este arco de medio punto está embebido en una estructura adintelada. De una sola rosca, presenta dovelas en lanza, típicas de la arquitectura romana, y arquivolta labrada en la dovela. Clave central de mayor tamaño que el resto.

El arco fue muy utilizado en Roma, pero formó parte además indispensable de otras culturas y estilos artísticos, siendo, también, en gran medida, el elemento principal que definió la posterior arquitectura románica.

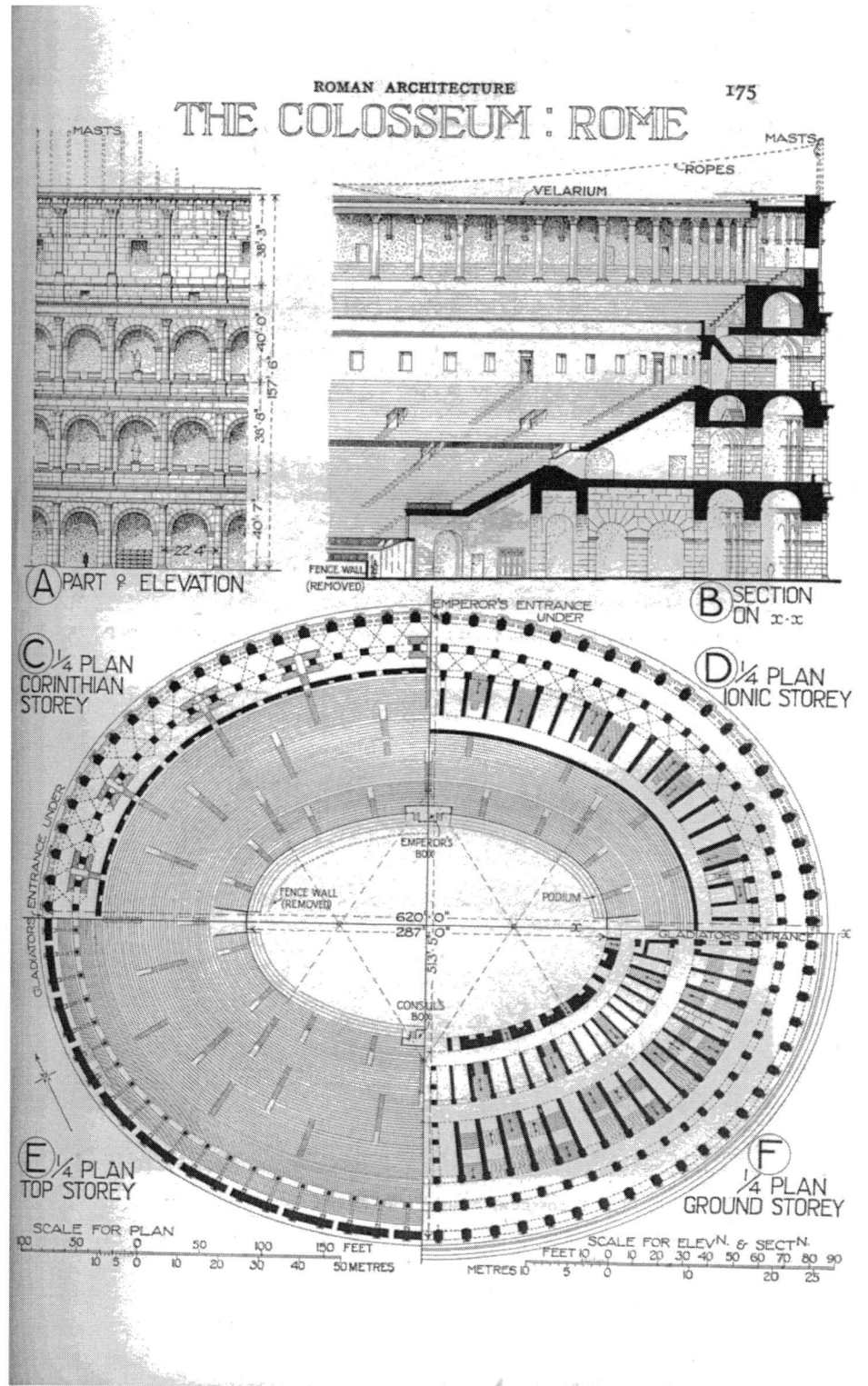

Planos de planta y alzado del Coliseo. Roma, siglo I. Banister Fletcher. *A history of architecture on the comparative method*. 14th edition. London: B. T. Batsford Ltd., 1948, p. 175. Colección propia.

En la sección y planta del Coliseo vemos como se distribuyen los diferentes círculos que conforman la estructura interna concéntrica de este edificio romano. El primero de estos anillos, situado junto a la fachada principal, es el que mayor número de gradas dispone en altura, ya que el resto reduce el número de plantas en función de su proximidad con la arena central. Esto significa que es este primer círculo el que soporta un mayor peso en su base. Por este motivo, es en esta zona donde se deben colocar las piedras de mayor dureza, ya que recibirán las cargas más pesadas del edificio.

La estructura del Coliseo se realiza mediante pilares y puntos de apoyo (nodos), que definen los puntos de anclaje sobre el que se sustenta el armazón del edificio. A partir de estos elementos, se desarrollan los diferentes anillos concéntricos que vemos en el plano de planta. Pilares y muros radiales absorberán las cargas de los arcos y bóvedas que se utilizan para la cubrición de los diferentes espacios.

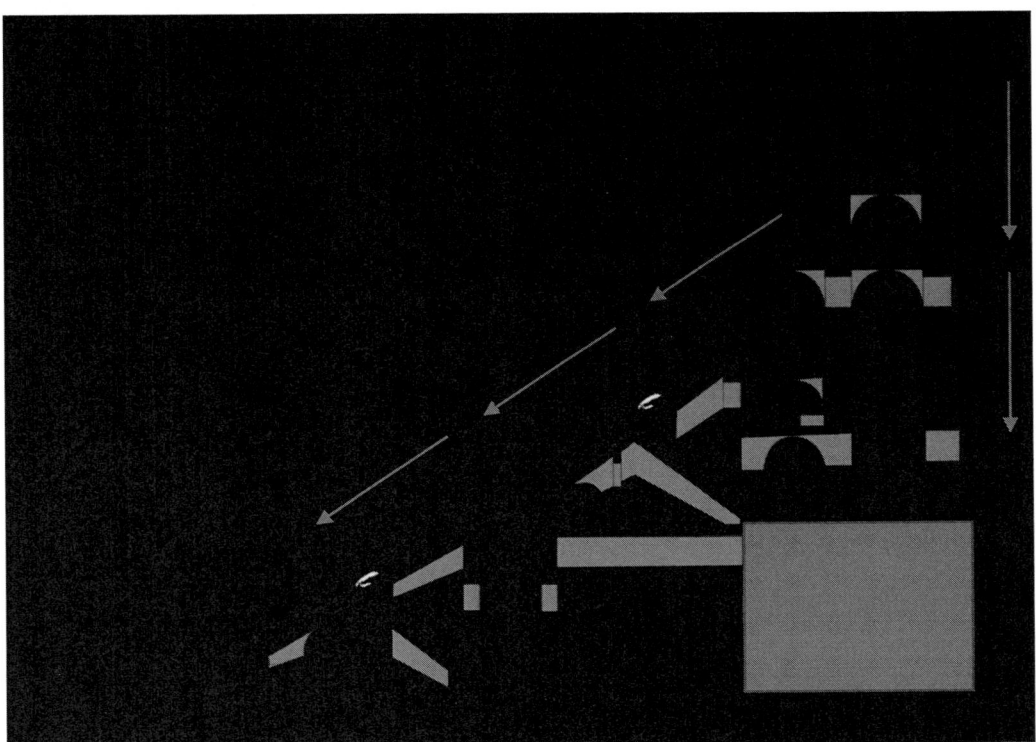

Sección del Coliseo con indicación de las fuerzas de presión de la estructura. En la parte de la derecha se disponen el mayor número de gradas. Aquí los pisos superiores ejercen sobre los inferiores una fuerza a compresión. Es la zona que recibe mayor peso, por lo que la base debe construirse con las piedras de mayor dureza. Estas cargas se reducen en los anillos siguientes, en dirección y tamaño decreciente hacia la arena central, ya que soportan menos peso por la reducción en altura de las gradas. Imagen: "Creative Commons" por Ningyou, en dominio público. Vectores principales señalados por el autor.

El anfiteatro Flavio o Coliseo. Roma, siglo I. Imagen: "Creative Commons" por <u>AMANO Jun-</u><u>ichi</u>, bajo licencia <u>CC BY 3.0</u>.

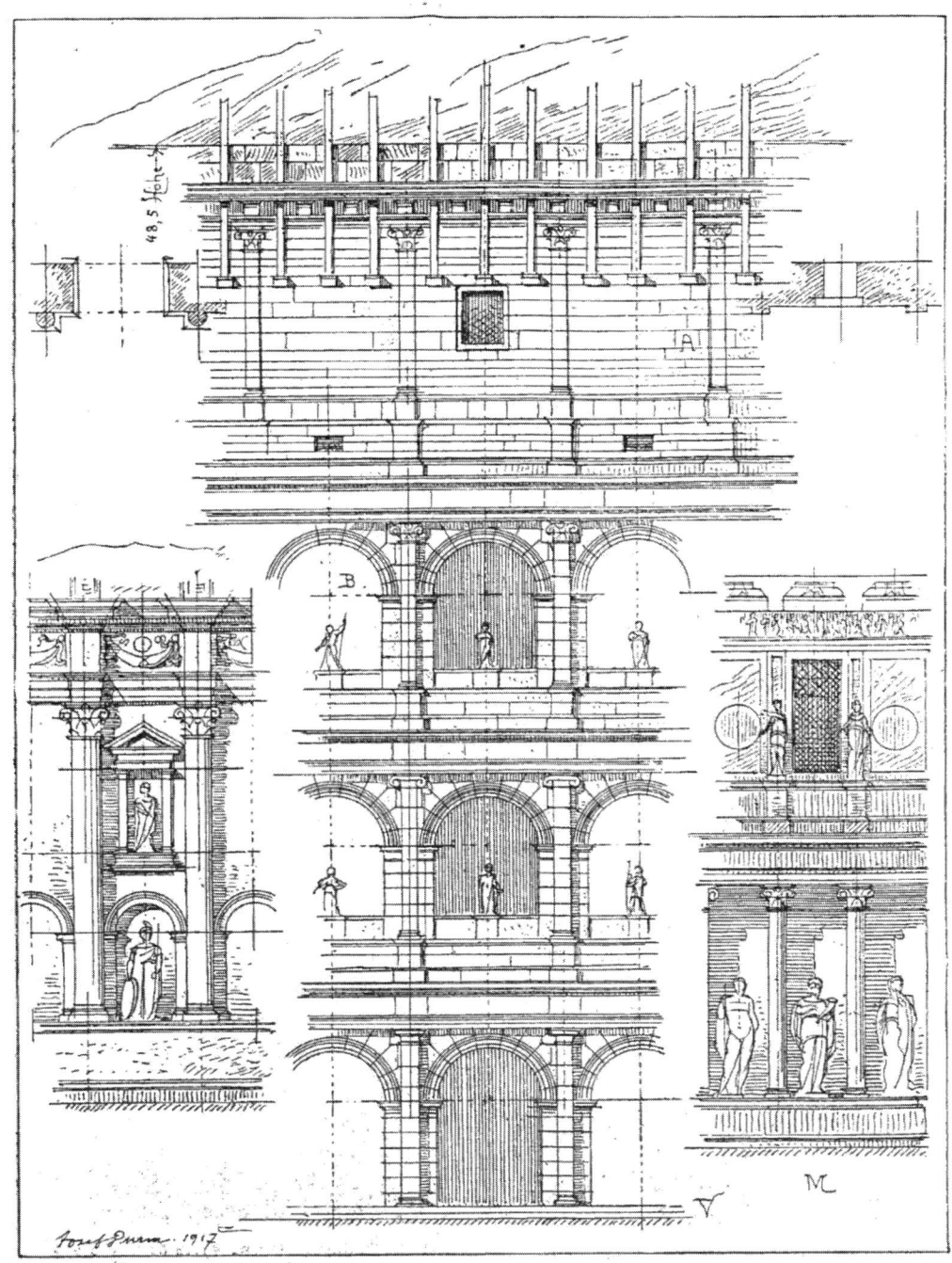

Fig. 36. — División de fachadas, romana. Coliseo; fachada y secciones horizontales por *B* y por *A*. 1.ᵉʳ incendio en 217, 2.ᵒ incendio en 467, terremoto en 472, material de construcción, travertino. Templo de Roma y Venus; orden colosal. Interior del templo de Vespasiano.

En la parte central de la imagen vemos la división de la fachada del Coliseo, con los órdenes superpuestos: toscano, jónico, corintio y ático con lesenas de estilo corintio. También podemos observar la repetición seriada de la figura del arco entre pilastras y cornisa superior que marca la división entre plantas. Karl Esselborn. *Tratado General de Construcción*. Barcelona : Gustavo Gili, 1928-1929. Imagen: "Creative Commons" por Josef Durm, en dominio público.

Planos de planta, alzado y detalles constructivos del Panteón de Roma. Banister Fletcher. *A history of architecture on the comparative method*. 14th edition. London: B. T. Batsford Ltd., 1948, p. 161. Colección propia.

Cúpula del Panteón de Agripa, Roma. Imagen: "Creative Commons" por <u>Mario Roberto Durán Ortiz</u>, bajo licencia <u>CC BY-SA 4.0</u>.

La estructura interna de la cúpula del Panteón está compuesta por anillos y arcos de descarga, realizados en ladrillo, que descansan sobre sillares de piedra. Este armazón sirve de soporte al hormigón que recubre la cúpula, tanto al exterior, como en el interior. Fuera, el hormigón adquiere forma de diferentes anillos, debido al parecer a la necesidad de contener y estabilizar la cúpula. Dentro, este material sirve para dar forma a los casetones. Culmina esta importante cubrición, el óculo central cenital de algo más de 8 metros de amplitud.

Si dividimos la figura semiesférica de una cúpula en meridianos y paralelos, podemos identificar el tipo de tensiones a las que está sometida esta estructura. Así, en los paralelos inferiores, en la base de la cúpula, la fuerza será de tracción, hacia fuera. Sin embargo, los esfuerzos serán a compresión, tanto en los paralelos superiores como en los meridianos.

La estabilidad de este tipo de cubrición dependerá, además, del trazado geométrico correcto de la forma semiesférica, y del empleo adecuado de los materiales de construcción. El hormigón utilizado en el Coliseo ayudará a mantener la integridad de la cúpula.

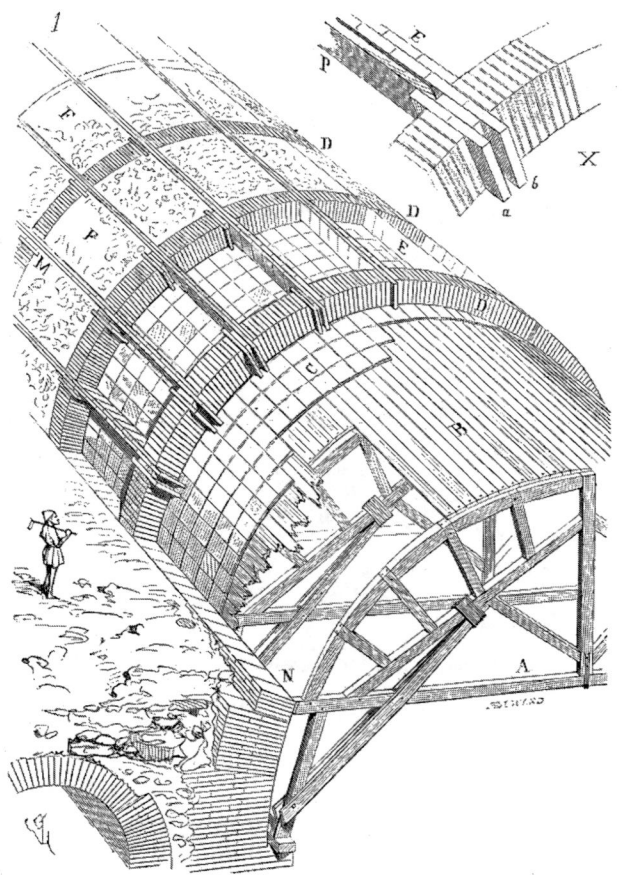

Construcción de bóveda mediante cimbra. Imagen: "Creative Commons" en Eugène Viollet le Duc. *Dictionnaire raisonné de l'architecture française du XIe au XVIe siècle, 1854-1868*, tome 9, p. 466, en <u>dominio público</u>.

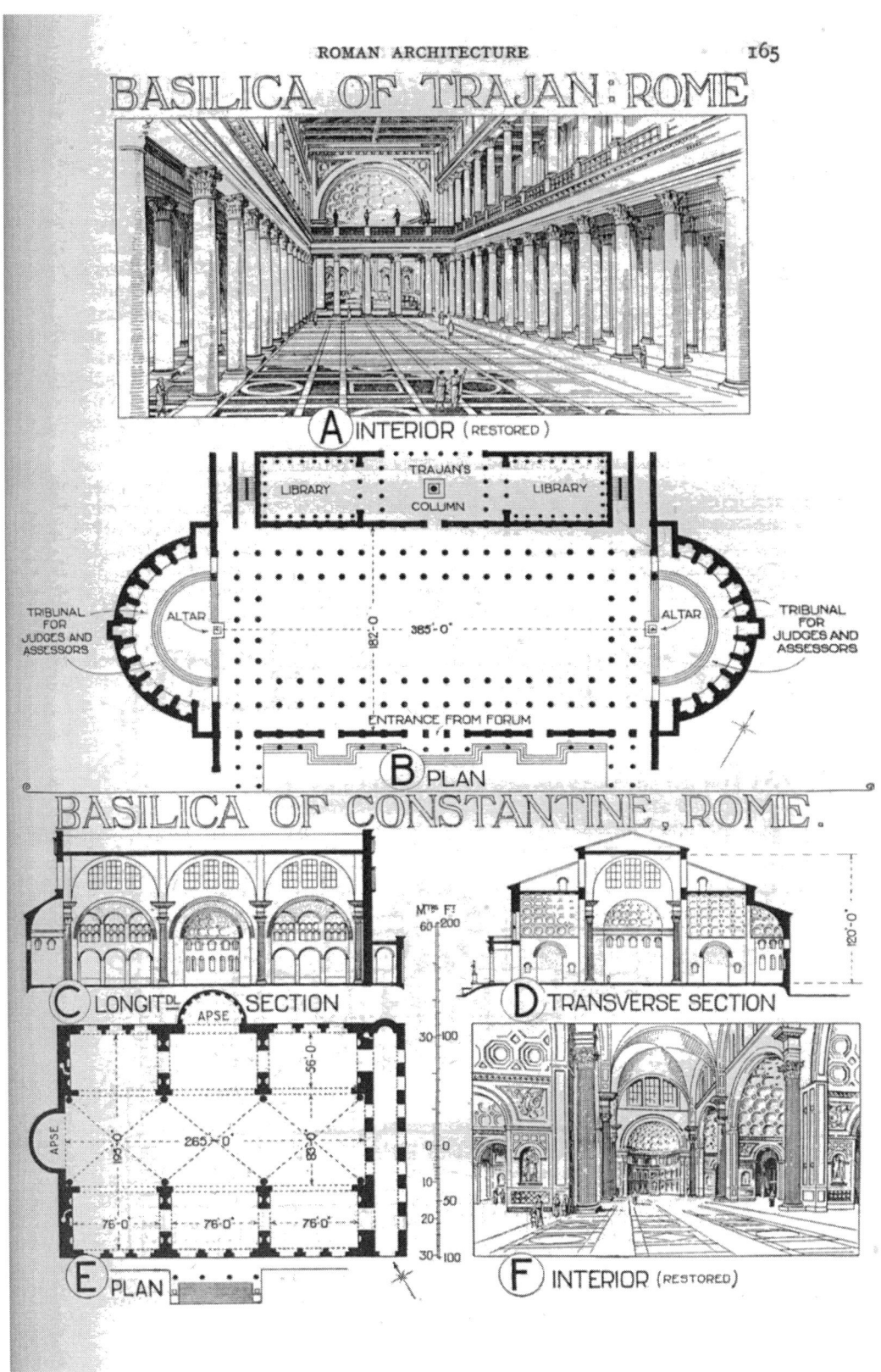

Planos y dibujos de las basílicas de Trajano y Constantino en Roma. Banister Fletcher. *A history of architecture on the comparative method*. 14th edition. London: B. T. Batsford Ltd., 1948, p. 165. Colección propia.

Restos de la basílica de Majencio, Roma. Siglo IV. Planta basilical rectangular de tres naves, con ábside.

El edificio se define por una nave central cubierta por tres grandes bóvedas de arista y bóvedas de cañón en las laterales. El sistema de cubrición permitía la división de fuerzas y empujes entre las distintas bóvedas y los muros del edificio. Imagen: "Creative Commons" por Hiro-o, bajo licencia de documentación libre de GNU.

Tema 2. Las técnicas constructivas de la Edad Media

La arquitectura paleocristiana

El tipo de basílica romana será tomado por el cristianismo, convirtiéndose en la tipología principal de la arquitectura paleocristiana. Si lo pensamos es lógico, los primeros cristianos buscaron un modelo referencial que sirviera, dado su carácter congregacional, para dar cabida a un número importante de fieles. El modelo romano de basílica daba perfecta respuesta a las necesidades de espacio de esta nueva religión, aunque otros edificios del mundo antiguo ya prefiguraron espacios de reunión. La basílica paleocristiana, con estas premisas, se cubrió de grandes techos planos. En un sentido general, podemos decir que en occidente se siguió el modelo basilical, mientras que en oriente el tipo preferente fue el de planta centralizada.

Técnicas y elementos de la arquitectura paleocristiana

El tipo romano basilical sitúa un cuerpo saliente semicircular en ambos extremos del edificio, en sentido longitudinal. El modelo paleocristiano elimina uno, quedando sólo uno de ellos convertido en cabecera del edificio, deviniendo luego en ábside. Este espacio se situará al este en las construcciones cristianas, dejando en consecuencia la entrada en el lado opuesto, es decir al Oeste. Se establece así un recorrido procesional que tiene un evidente sentido religioso, ya que el cristiano transita así por un camino que va desde el ocaso hacia la salida del sol, en un amanecer simbólico.

Basílica de Santa Sabina, Roma. Interior. Siglo V. Imagen: "Creative Commons" por <u>Ekaterina Díaz</u>, bajo licencia <u>CC BY 3.0</u>.

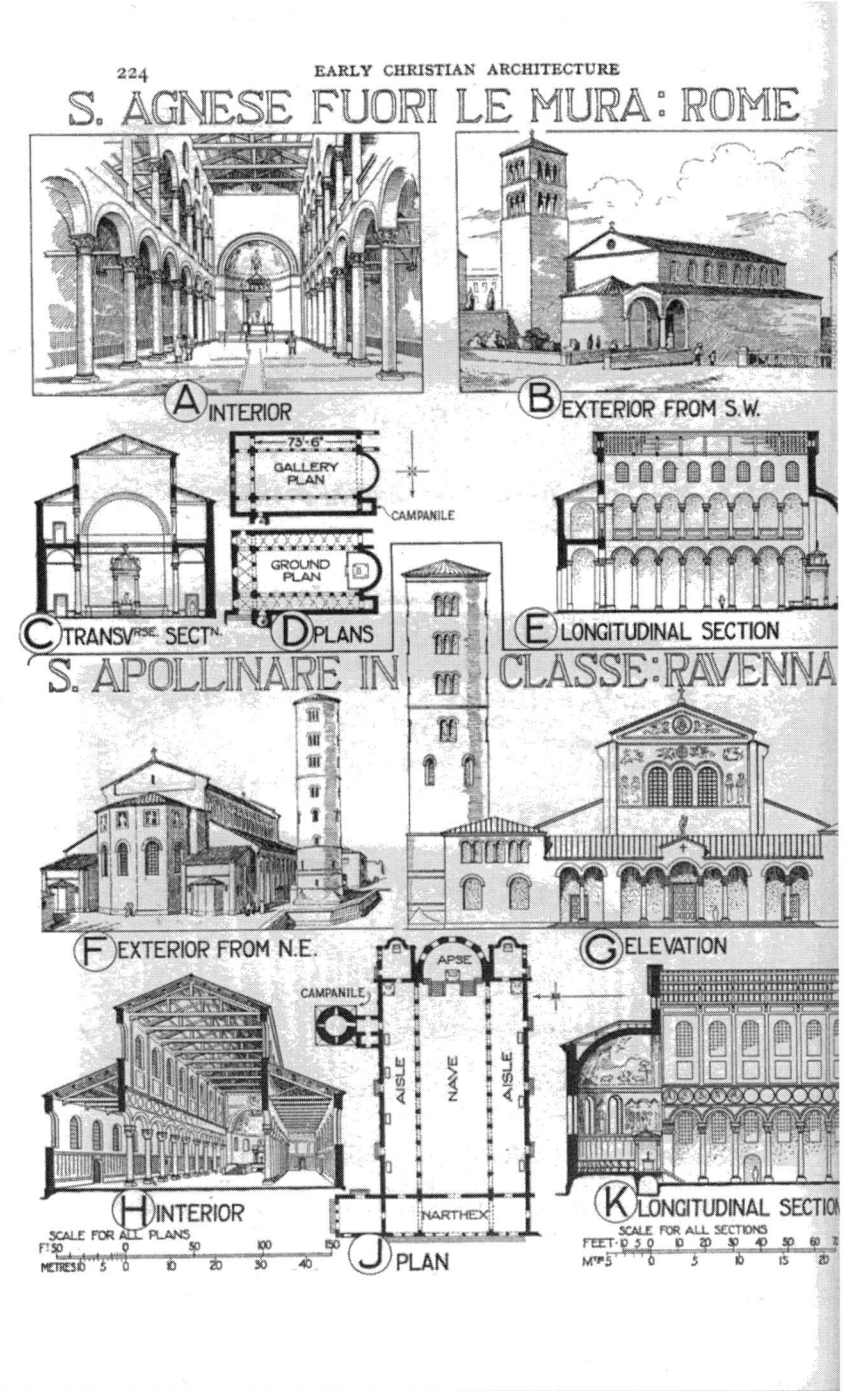

Dibujos de basílicas paleocristianas, Santa Inés Extramuros de Roma y San Apolinar en Classe, Rávena. Banister Fletcher. *A history of architecture on the comparative method.* 14th edition. London: B. T. Batsford Ltd., 1948, p. 224. Colección propia.

La arquitectura persa desarrollada en el periodo sasánida (224-651 d.C.) nos deja el ejemplo de cúpula sobre trompas más antiguo de entre los conservados: el Palacio de Ardacher.

El paso de la superficie circular de la cúpula al espacio cuadrado de la nave donde se inscribe conoció dos formas de transición, el sistema de cúpula sobre trompas, y el de cúpula sobre pechinas.

Desde un punto de vista estructural, las cubriciones, bóvedas y cúpulas, requieren de un sistema de fuerzas que deben contrarrestarse. La estructura de la cúpula debe buscar que estos empujes se diluyan de alguna manera mediante elementos secundarios de descarga, como cúpulas o bóvedas intermedias, naves laterales situadas a menor altura y la acción de pilares y muros, que sujetan y estabilizan la construcción. La estructura de un edificio busca siempre el equilibrio entre sus distintas partes, de tal forma que la estabilidad de la obra y su integridad estructural se pueda mantener en el tiempo. Materiales y técnicas deben funcionar en este sentido.

La arquitectura persa sasánida utilizó también la bóveda de cañón. Cañoncillos transversales podían situarse a un nivel inferior. De esta forma, la bóveda de cañón descansaba sobre las secundarias, sin cruzarse, funcionando como un sistema eficiente de descarga de la cubrición. En las primera culturas, las bóvedas se realizaron con sistemas que permitían la unión de los materiales mediante mortero y sucesión de hiladas, que facilitaban el trazado del arco sin el uso habitual de la cimbra.

Material gráfico: arquitectura persa sasánida

Trompas en el palacio de Ardacher, actual provincia de Fars, Irán. Arquitectura persa sasánida. Imagen: "Creative Commons" por Wojciech Kocot, bajo licencia CC BY-SA 4.0.

Dibujos de arquitectura persa sasánida. Banister Fletcher. *A history of architecture on the comparative method*. 14th edition. London: B. T. Batsford Ltd., 1948, p. 65. Colección propia.

La magnífica arquitectura bizantina: imágenes que deslumbran al mundo

La pervivencia del Imperio Romano en su parte más oriental convirtió al Imperio Bizantino en el lugar principal de la cristiandad. El valor simbólico de la arquitectura se vio acentuado en este momento. En este sentido, no es de extrañar que sea Santa Sofía en Estambul el ejemplo más recurrente. Estudiando su planta podemos entender cómo el peso de la enorme cúpula se transfiere a los diferentes elementos del conjunto, diluyendo la fuerza y el empuje de tan asombrosa cubrición hacia otros elementos secundarios. La cúpula de Santa Sofía, sustentada sobre un alarde técnico impresionante, se convierte en símbolo de las capacidades humanas en la creación de un espacio glorioso al servicio de la religión y de la transmisión de su poder, el de la cristiandad, sobre la humanidad. En este momento, la unión del carácter religioso, con el político que lo sustenta, forma un vínculo indisociable.

Técnicas y elementos arquitectónicos: Bizancio

En un sentido arquitectónico general, es la cúpula el elemento arquitectónico por excelencia. Ha sido utilizada en mayor o menor medida por todas las culturas, desde las pruebas más primitivas, donde se intentaba su construcción mediante la aproximación de hiladas horizontales decrecientes hasta su cerramiento (falsas cúpulas y falsas bóvedas), hasta los ejemplos más notables, por su monumentalidad, como el Panteón romano, Santa Sofía o las posteriores cúpulas renacentistas y barrocas. La cúpula muestra el dominio del espacio arquitectónico, imponente en comparación con la escala humana, y simbólico por ser reflejo del cosmos al que representa. La dificultad técnica es evidente, jugando en su desarrollo tanto el diseño de ésta y su estructura, como también por los materiales empleados. Será frecuente que para la construcción de las grandes cúpulas se empleen diferentes mecanismos, todos ellos encaminados a mantener una estructura de grandes proporciones y peso, que deberán buscar formas precisas para su estabilidad y pervivencia en el tiempo.

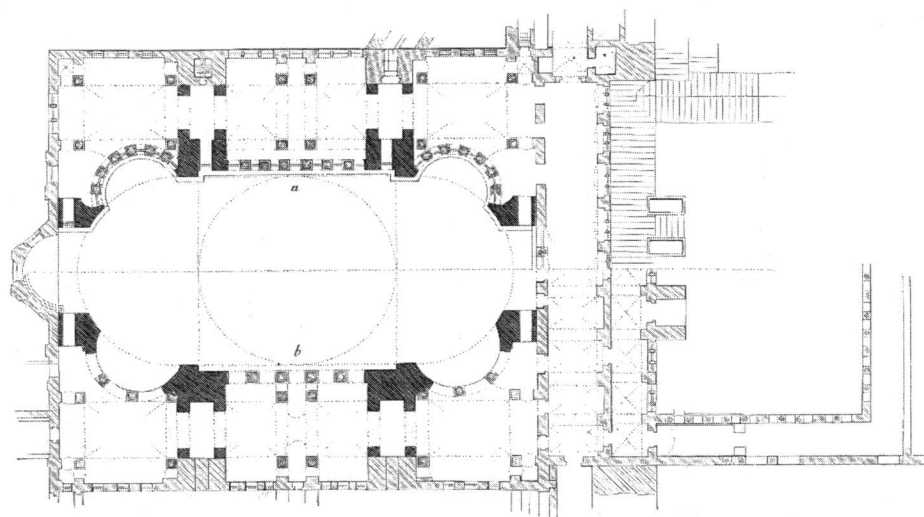

Santa Sofía, Estambul. Plano de planta. Imagen: "Creative Commons", bajo licencia de <u>Dominio público</u>.

En el plano de planta de Santa Sofía podemos ver perfectamente como el edificio tiene como centro su poderosa cúpula. El resto de los elementos se disponen para compensar las cargas de este pesado elemento. La estructura está pensada para descargar el peso de la cubrición sobre cuatro poderosos arcos torales. A la vez estos arcos quedan reforzados por los dobles contrafuertes que absorben también los empujes de la cúpula. Como vemos en la planta, dos semicúpulas dispuestas a ambos lados a menor altura derivan los empujes de la cúpula central. Del mismo modo, estas dos semicúpulas trasladan las cargas que reciben a otras dos semicúpulas secundarias. Todo ello permite reforzar la estructura del edificio original de forma eficiente y lógica, organizando todos estos elementos de manera decreciente, a modo de cascada, desde el punto más alto de la cúpula central hacia las zonas inferiores del edificio.

Llamamos arco toral a cada uno de los cuatro arcos que forman el crucero y sobre los que se asienta la cúpula.

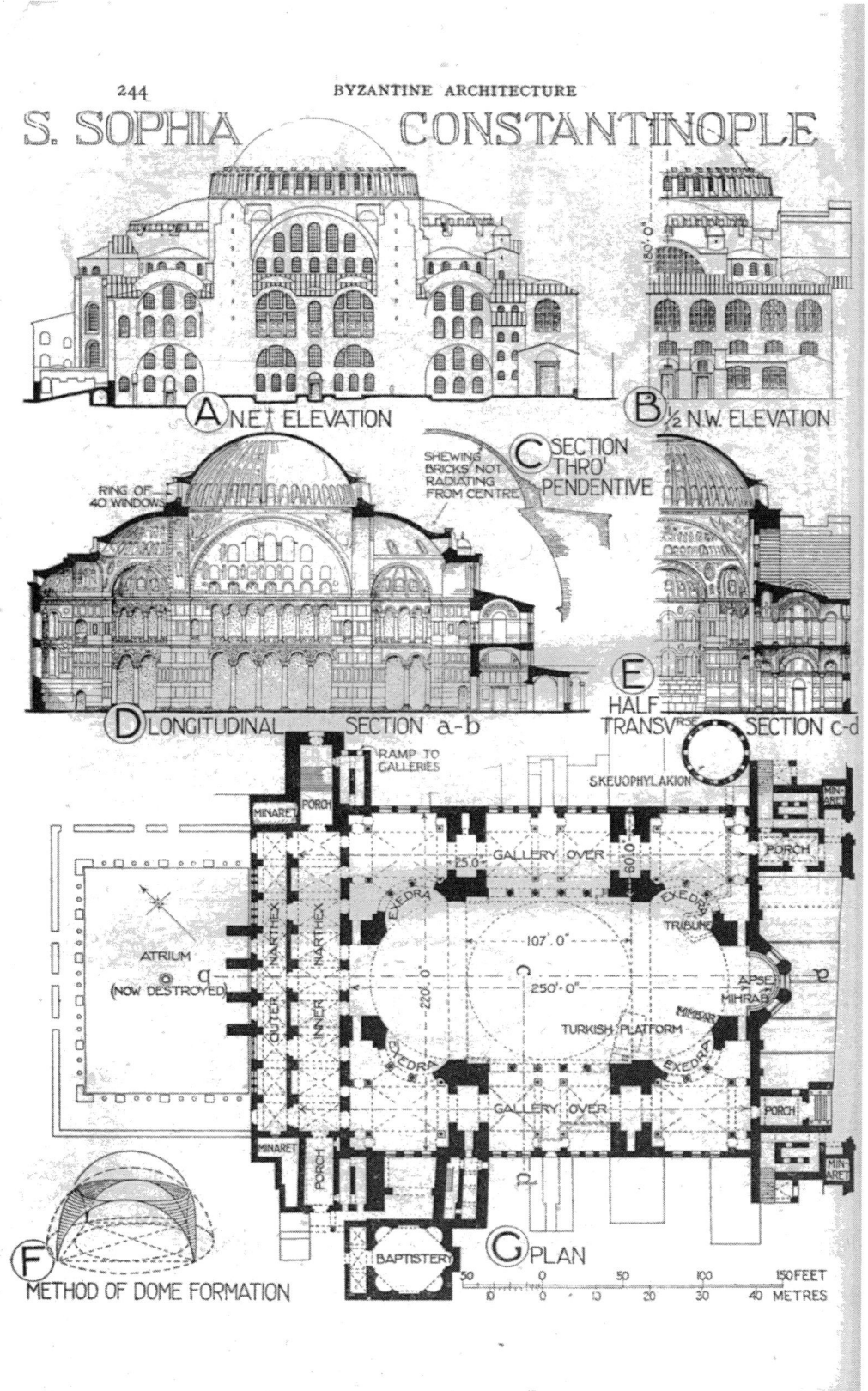

Planos de planta y alzados de Santa Sofía, Constantinopla. Banister Fletcher. *A history of architecture on the comparative method*. 14th edition. London: B. T. Batsford Ltd., 1948, p. 244. Colección propia.

El sistema decreciente triangular, desde la parte central de la cúpula, la más elevada del edificio, y los elementos laterales en los extremos, forma parte también de la distribución de los empujes y desviación de fuerzas, siendo éste un sistema necesario de equilibrio de la construcción, fundamental para su estabilidad y permanencia en el tiempo también.

Exterior de Santa Sofía, Estambul. Imagen: "Creative Commons" por Adli Wahid, bajo licencia CC BY-SA 3.0.

Interior de Santa Sofía. Imagen: "Creative Commons" por Rabe!, bajo licencia CC BY-SA 3.0.

Cúpula de Santa Sofía sobre pechinas apoyada en los cuatro grandes arcos torales. La cúpula está reforzada por 40 nervios, encontrándose en la base, en mismo número, un friso de ventanas que dotan de gran iluminación la cúpula de Santa Sofía. Se trata, como podemos ver en la imagen, del modelo de cúpula sobre pechinas, aquí con proporciones francamente monumentales, teniendo como referente la cúpula del Panteón romano, cuyo modelo se pretende superar.

Vista interior de Santa Sofía. Imagen: "Creative Commons" por <u>A.Savin</u>, bajo <u>Free Art License</u>. Esta magnífica construcción fue obra de Isidoro de Mileto y Antemio de Tralles.

El arco, tomado de Roma, es el elemento sobre el que se sustenta, por lo menos en parte, la arquitectura del románico; sobre todo en relación con la bóveda de cañón que identifica a este estilo. Sin duda, esto fue posible por la presencia de abundante obra pública romana que se toma como ejemplo.

Para entender cómo se llega a desarrollar la bóveda de cañón debemos visualizar la figura de un arco, que se repite en el espacio a partir de un eje longitudinal. La utilización de las cimbras de madera para la construcción de los arcos y de las bóvedas fue algo habitual. Esta estructura permite alinear los diferentes elementos siguiendo el patrón del arco. Una vez concluido, la cimbra se retira. En ese momento, las diferentes piezas ejercen una contención entre las mismas, disipando las fuerzas y empujes hacia pilares y muros.

El gran peso de la bóveda de cañón hace necesario incorporar a la construcción muros gruesos y contrafuertes que abrazan el edificio, e impiden que el peso de la cubrición abra y rasgue los muros. Si no fuera así, las paredes por si solas no serían suficientes para sujetar y absorber las fuerzas y empujes de esta pesada bóveda. El resultado es que las distintas partes de la construcción románica funcionan como un todo.

En el periodo medieval existirá una arquitectura monumental, con un número importante de construcciones religiosas, pero también una arquitectura civil, que hace suya la misma expresión de estilo empleado en las iglesias y catedrales. Y esto será así tanto en el románico como en el gótico.

Importante para las técnicas de la arquitectura del románico será la extracción de materiales. En este sentido, la proximidad entre la cantera, de donde se extraían los materiales, y el lugar donde se iba a levantar el edificio, resultaba fundamental. Esto había sido así desde las primeras culturas, como la de Egipto, hasta muchos siglos después. Si los materiales son trasladados a mucha distancia, entre las canteras y la obra a ejecutar, se incrementan los gastos, el tiempo de transporte, y en consecuencia se dilata el periodo de construcción.

La extracción de la roca en la cantera ha sido hecha, tradicionalmente, mediante la utilización de cuñas de madera que se introducían en la roca, que luego se humedecían, produciendo la dilatación y expansión de la madera y la rotura en consecuencia de la piedra. Este método tradicional es el que se ha usado de forma continua en el tiempo, y es el que se piensa fue utilizado también en la extracción de las piedras calizas utilizadas en Egipto para la construcción de las pirámides. Los sillares, una vez preparados, se trasladaban a la construcción utilizando, con frecuencia, carretas movidas por tracción animal. El trabajo principal de desbastado se hacía en el momento de la extracción, luego a pie de obra se terminaba de dar forma a los sillares.

Estas arquitecturas románicas, vinculadas al ámbito de la cristiandad, transmitirán también un profundo sentimiento religioso, inspirado por las corrientes más severas del cristianismo de entonces, marcado además por un eficiente sentido pedagógico. No es de extrañar, pues, la incorporación, en los muros interiores de estas construcciones, de pinturas al fresco con escenas relativas a las enseñanzas bíblicas. Estas representaciones forman parte también de la arquitectura románica, como un todo indivisible, a pesar de la extracción de algunas de ellas en época reciente, y su traslado posterior a algunos museos, despojando a estos edificios de una parte tan significativa. Lo mismo podríamos decir de los anteriores relieves y pinturas egipcias, las posteriores vidrieras góticas, los estucos y dorados barrocos; también los pavimentos romanos, los mosaicos bizantinos, los mocárabes o yeserías árabes, o los azulejos del siglo XVIII... por poner sólo algunos ejemplos concretos. Todos estos elementos son mucho más que simples decoraciones, interviniendo en los mismos distintos trabajos artesanales, muy meritorios, hoy prácticamente olvidados. La conservación de estos edificios en la actualidad debe implicar el conocimiento exhaustivo de estas técnicas, ya que sin ellas no se podrá acometer con garantías ninguna intervención sobre estas arquitecturas históricas. Todos estos trabajos, en cada una de las épocas, estilos o culturas, constituyen, junto con el resto de los elementos arquitectónicos, una unidad. Es decir, tan importante son estos recubrimientos como las estructuras que los sujetan.

Técnicas y elementos arquitectónicos: románico

El gran peso de la bóveda de cañón románica determinó la construcción de gruesos muros y la reducción de los vanos, para mantener la integridad estructural del edificio. A la vez, se incluyó un sistema de contrafuertes que permitía afrontar y recoger los empujes de la cubrición, allí donde descansaban los arcos fajones. Todo ello, conseguía mantener estable la fábrica románica.

Interior de San Martín de Tours, Frómista (Palencia). Nave central. Imagen: "Creative Commons" por Montgomery, licencia CC BY-SA 3.0.

Esta iglesia tiene planta basilical de tres naves, la central más elevada y ancha, como suele ser habitual y cubierta de bóvedas de cañón. Tiene crucero no emergente que ayuda a describir la planta en forma de cruz latina.

En la bóveda de cañón observamos los distintos arcos fajones. La conexión entre las naves laterales se hace mediante arcos formeros, que corresponden además con cada sección de la bóveda de cañón.

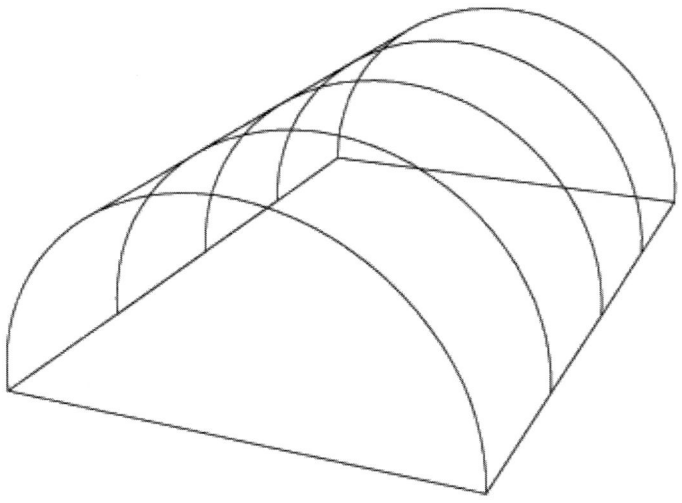

Esquema de arcos fajones en bóveda de cañón, como guía y refuerzo de la estructura de la bóveda. Imagen: "Creative Commons", GNU Free Documentation License.

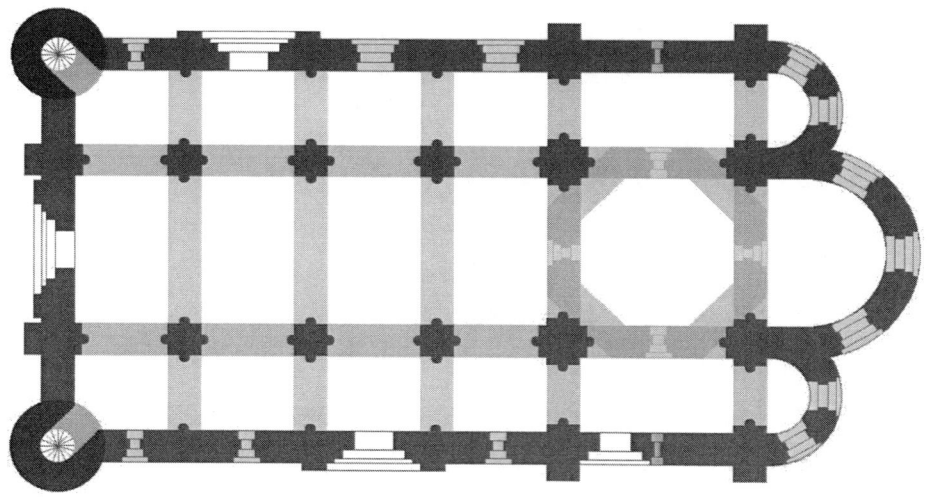

Planta de San Martín de Tours, Frómista. Imagen: "Creative Commons" por José-Manuel Benito, bajo licencia de dominio público.

Cimborrio octogonal de San Martín de Tours. La cúpula descansa sobre esta estructura, haciendo el tránsito hacia la nave, esta vez mediante trompas. Imagen: "Creative Commons" por Zarateman, licencia CC BY-SA 3.0.

El gótico: la irrupción de la luz

Un cambio en la religiosidad fue el que elevó los edificios hacia el cielo en la arquitectura gótica. La utilización de la bóveda de crucería permitió una mayor altura del muro, que reducía su grosor en relación con los anteriores románicos. Para sujetar esta estructura se contó además con la ayuda de potentes contrafuertes y arbotantes, creando así un sistema óptimo de sujeción del edificio.

La catedral será el edificio representativo del gótico, aunque el estilo penetró en todos los registros arquitectónicos, incluido el civil. También debemos señalar la confección de vidrieras como un rasgo técnico distintivo de esta arquitectura, de la misma forma en la que hablábamos de los frescos moralizantes y pedagógicos de la excelente arquitectura románica.

Técnicas y elementos arquitectónicos: gótico

Al contrario que en el románico, y fruto también de la espiritualidad del momento, el edificio se eleva sobremanera. Para levantar así sus muros se hizo necesario adelgazarlos. Pero si los muros se pudieron adelgazar fue además por el menor peso de la cubrición, ahora principalmente llevada a cabo mediante bóvedas de crucería. Sin embargo, esto no era por sí mismo suficiente, ya que el muro se encontró frecuentemente rasgado por amplios ventanales y vidrieras, que lo hacían en principio más frágil, debilitando su estructura y condicionando la integridad del edificio. Por este motivo, y para recoger convenientemente las fuerzas y empujes de las nuevas cubriciones, en muros que además se habían alzado como nunca, se diseñó un sistema potente de contrafuertes y arbotantes.

En general, el estudio de la arquitectura se traduce en buena parte en entender en cómo funcionan las distintas fuerzas y empujes de los distintos elementos arquitectónicos, distinguiendo entre aquellos elementos que sujetan y son soporte, como pilares, columnas, muros, y otros elementos que son sujetados, como las cubiertas, bóvedas y cúpulas, dinteles, ... que forman la estructura superior. El arbotante gótico se encuentra entre los dos tipos, ya que por un lado recibe el peso de la cubrición, pero por otro, y a la vez, es sujetado por el contrafuerte. Dependiendo de cada uno de estos elementos, y de los gustos, estilos, y formas de cada periodo, obtendremos un tipo diferenciado de arquitectura.

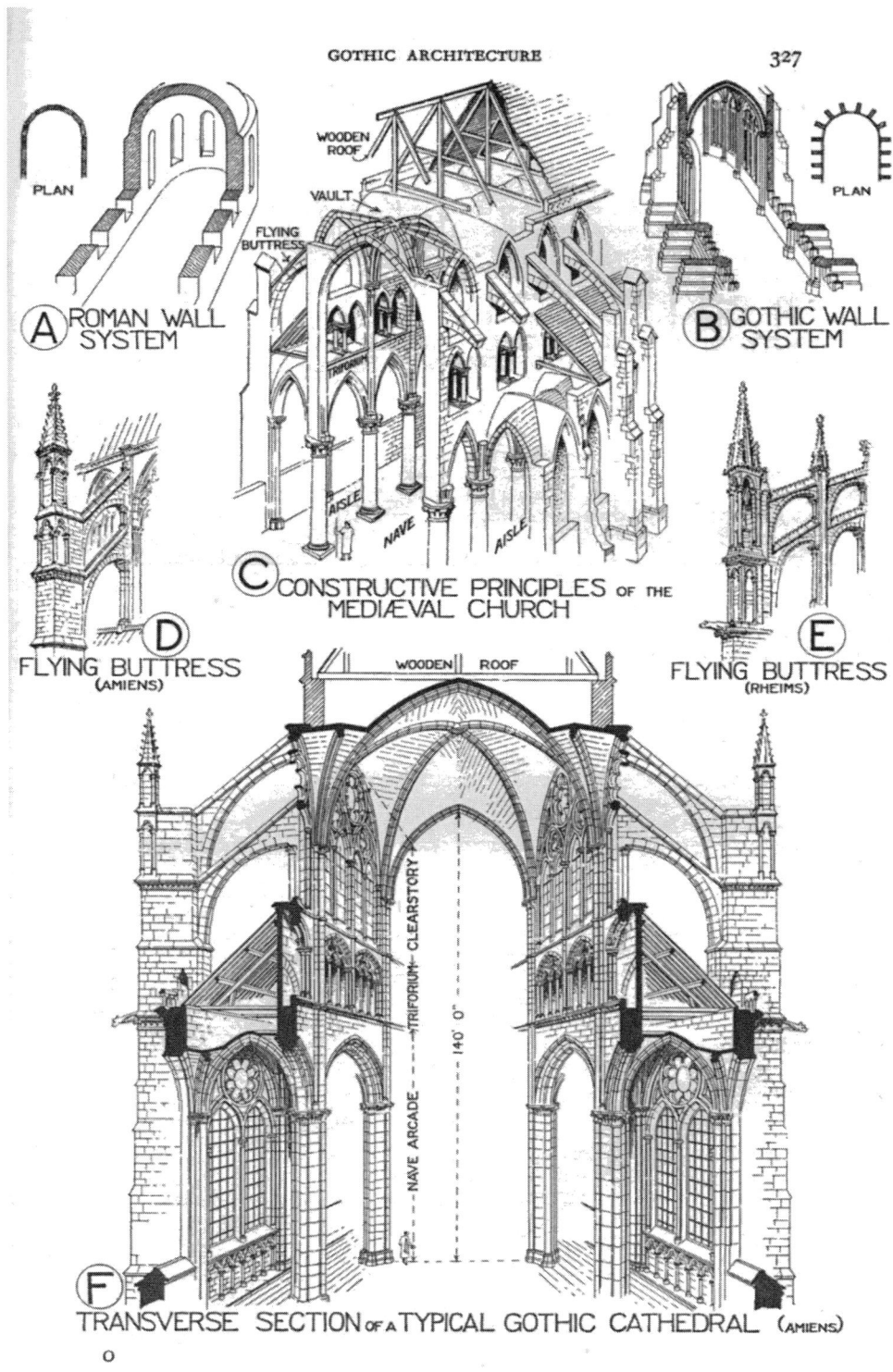

Principios constructivos góticos. Banister Fletcher. *A history of architecture on the comparative method*. 14th edition. London: B. T. Batsford Ltd., 1948, p. 327. Colección propia.

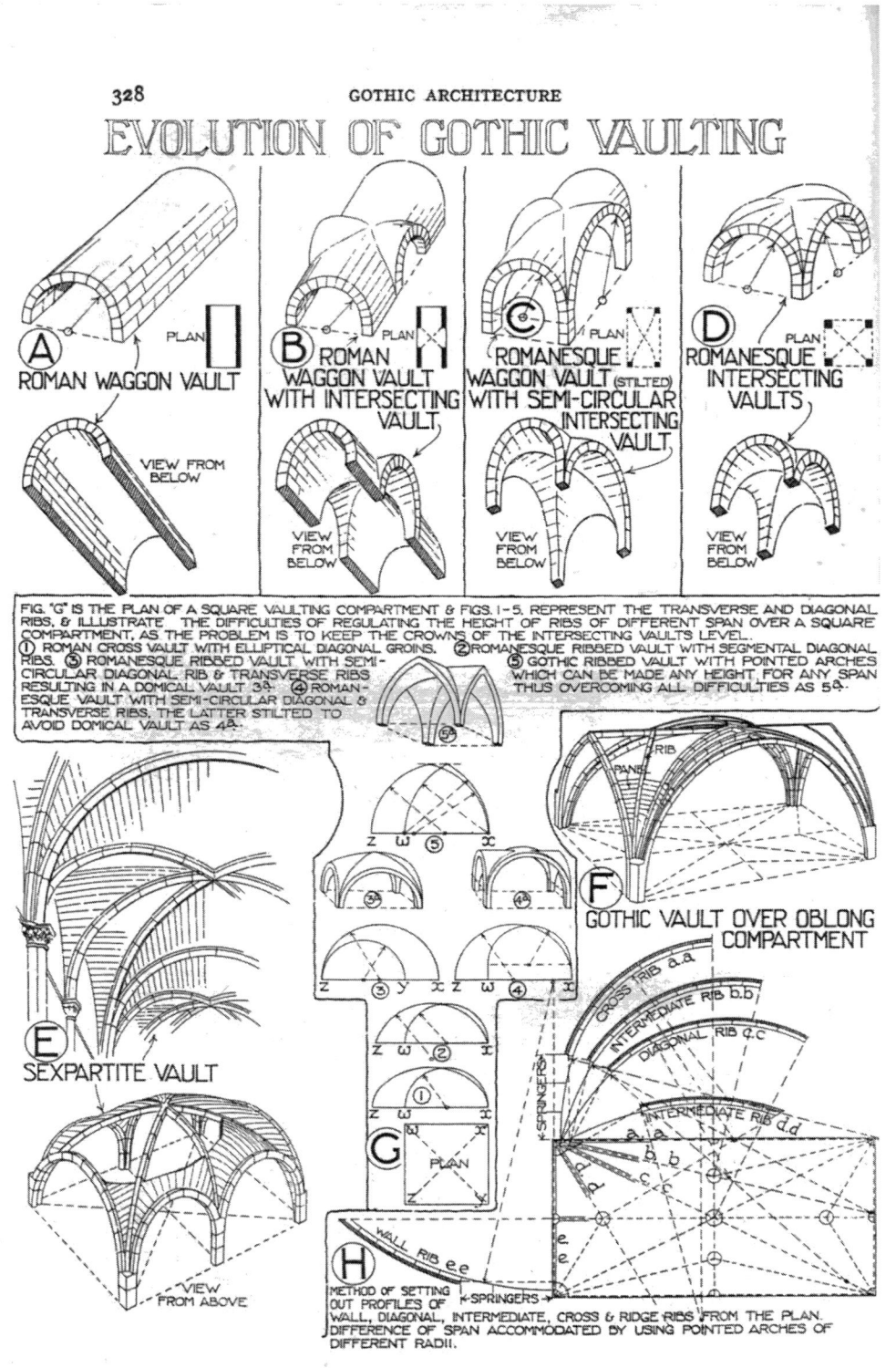

Evolución de las bóvedas góticas. Banister Fletcher. *A history of architecture on the comparative method.* 14th edition. London: B. T. Batsford Ltd., 1948, p. 328. Colección propia.

Bóvedas de crucería de la catedral de Reims. Imagen: "Creative Commons" por Josep Renalias, bajo licencia <u>CC BY-SA 3.0</u>.

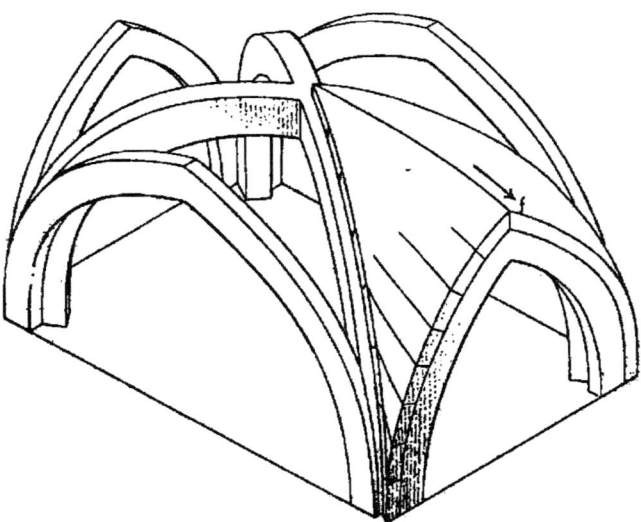

Esquema de una bóveda de crucería gótica. Imagen: "Creative Commons" por <u>Auguste Choisy</u>, bajo licencia de <u>dominio público</u>.

Una bóveda de crucería está compuesta por arcos o nervios que se cruzan en diagonal y cuyo espacio intermedio se cubre con plementería. Las posibilidades de los arcos de crucería se multiplicaban gracias a la utilización del arco apuntado, cuya luz podía modificarse sin afectar a la estabilidad de la bóveda. Esto permite ampliar o reducir el tamaño de las bóvedas de crucería en tramos rectangulares de mayor o menor amplitud. De esta forma, se podían equilibrar los diferentes arcos que formaban la cubrición, tanto los cruzados (de donde obtiene el nombre), como los longitudinales y los laterales.

Interior de la catedral de Beauvais. Imagen: "Creative Commons" por PtrQs, bajo licencia CC BY-SA 4.0.

Interior de la catedral de Beauvais. Imagen: "Creative Commons" por Gennadii Saus Segura, bajo licencia CC BY-SA 4.0.

Arbotantes de Notre Dame, 1230. Imagen: "Creative Commons" por <u>Jean Lemoine</u>, bajo licencia <u>CC BY-SA 2.o</u>.

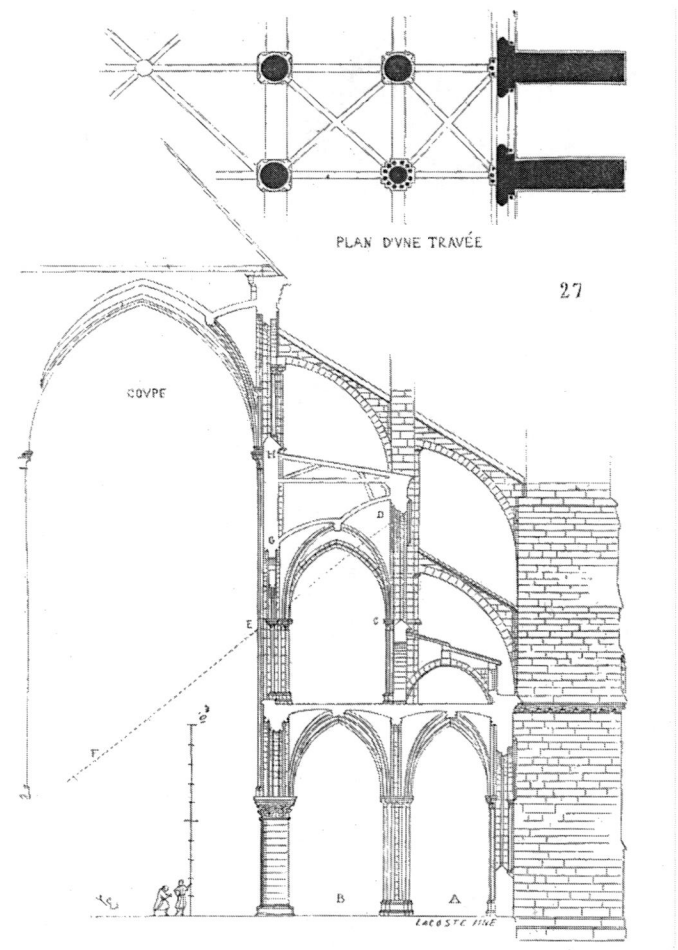

Plano de sección de Notre Dame, París. Imagen tomada del *Dictionary of French Architecture from 11th to 16th Century* (1856) by Eugène Viollet-le-Duc (1814-1879), en <u>dominio público</u>.

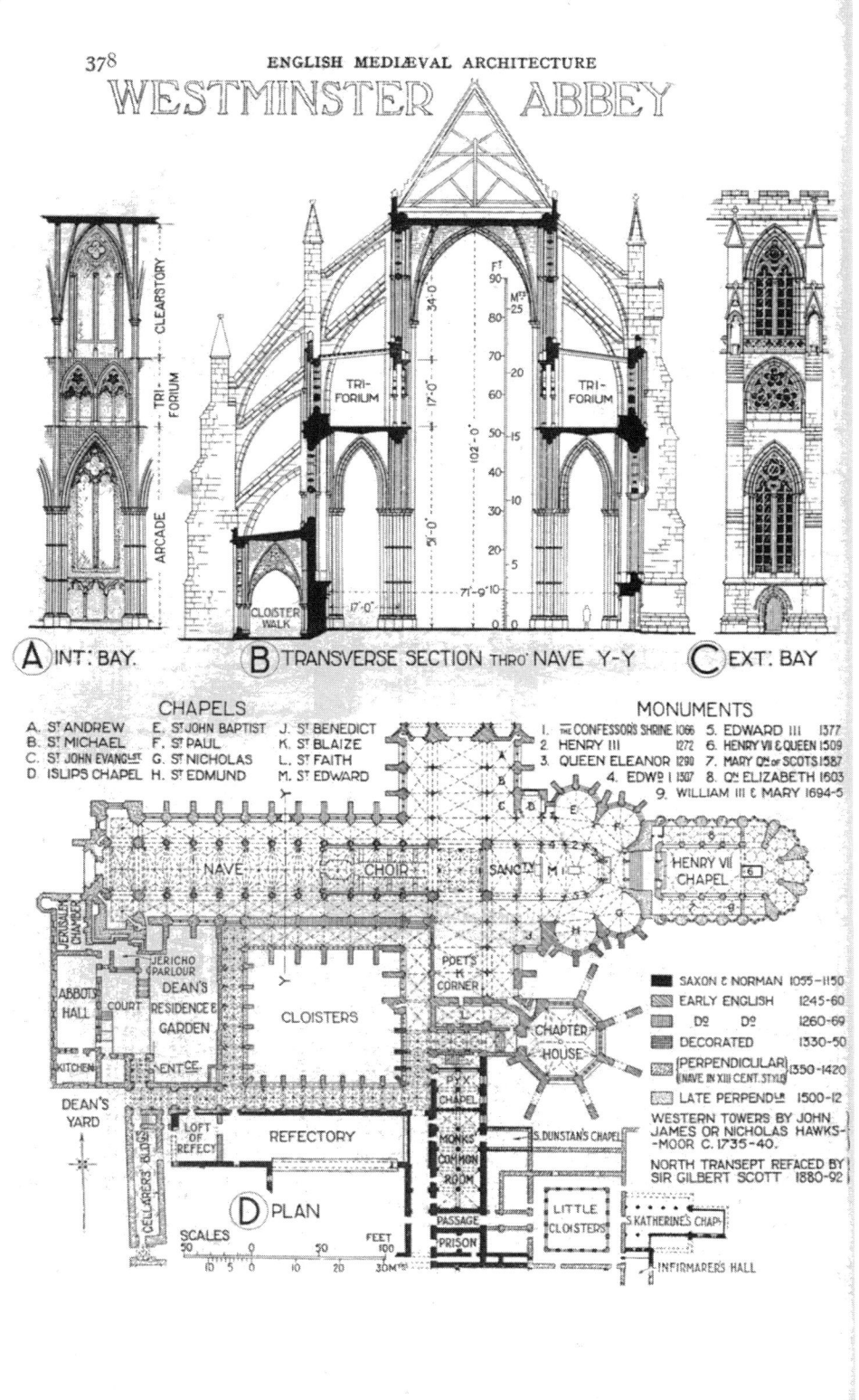

WESTMINSTER ABBEY

Planos de planta y alzado de la abadía de Westminster. Banister Fletcher. *A history of architecture on the comparative method.* 14th edition. London: B. T. Batsford Ltd., 1948, p. 378. Colección propia.

Tema 3. Las técnicas constructivas de la Edad Moderna

El Renacimiento: el concepto moderno de la arquitectura

La llegada del Renacimiento supuso un cambio significativo respecto al periodo anterior. La figura del arquitecto alcanza un estatus diferente, de artista. Esta circunstancia es la que posibilitó la separación entre una arquitectura ideada y otra construida. Al primero de estos ámbitos pertenecerá el proyecto, que se define como la herramienta principal que guía la construcción de una obra. Al mismo tiempo, se introduce la perspectiva, que será utilizada para plasmar los elementos tridimensionales en una superficie bidimensional. Así, los cálculos matemáticos se traducirán en proporciones y tamaños con los que un edificio se dispone en el espacio, atendiendo a su cercanía o lejanía. Esto lo vemos en algunas representaciones pictóricas renacentistas. También se construirán maquetas, con el fin de visualizar en tres dimensiones la obra que iba a ser construida. El proyecto, con el conjunto de planos y dibujos, y la construcción de maquetas, constituyen el modo de expresión moderno del quehacer arquitectónico, casi hasta la actualidad.

Técnicas y elementos arquitectónicos: Renacimiento

La construcción de la cúpula de Santa María del Fiore marca el inicio del Renacimiento italiano. No tenemos constancia documental que permita descifrar con certeza cómo se levantó. Parece que un sistema de cuerdas guio el levantamiento de los muros. Además, se utilizaron otros mecanismos, como el empleo de una doble cúpula o la disposición de ladrillos en espinapez. La cúpula, de nuevo, se convierte en el elemento arquitectónico dominante. También, como símbolo de la cristiandad, domina el paisaje urbano florentino, con unas proporciones desconocidas hasta ese momento.

En la Edad Moderna se cubrieron algunos techos con artesonados. Esta cubierta recibía el nombre de un antiguo recipiente llamado artesa, utilizado tradicionalmente para amasar el pan. La parte superior de este utensilio quedaba abierta y era más amplia que su fondo. Para construir el artesonado se unían a las vigas principales de la cubrición otras tablas secundarias, dando como resultado un conjunto de casetones (o artesones), que podían adoptar diferentes formas geométricas. Los dibujos aportados por Serlio, en su tratado de arquitectura, fueron muy importantes para el desarrollo de esta técnica durante el Renacimiento. Así como también el trabajo de los carpinteros y ebanistas implicados en la construcción de estos aparejos de madera.

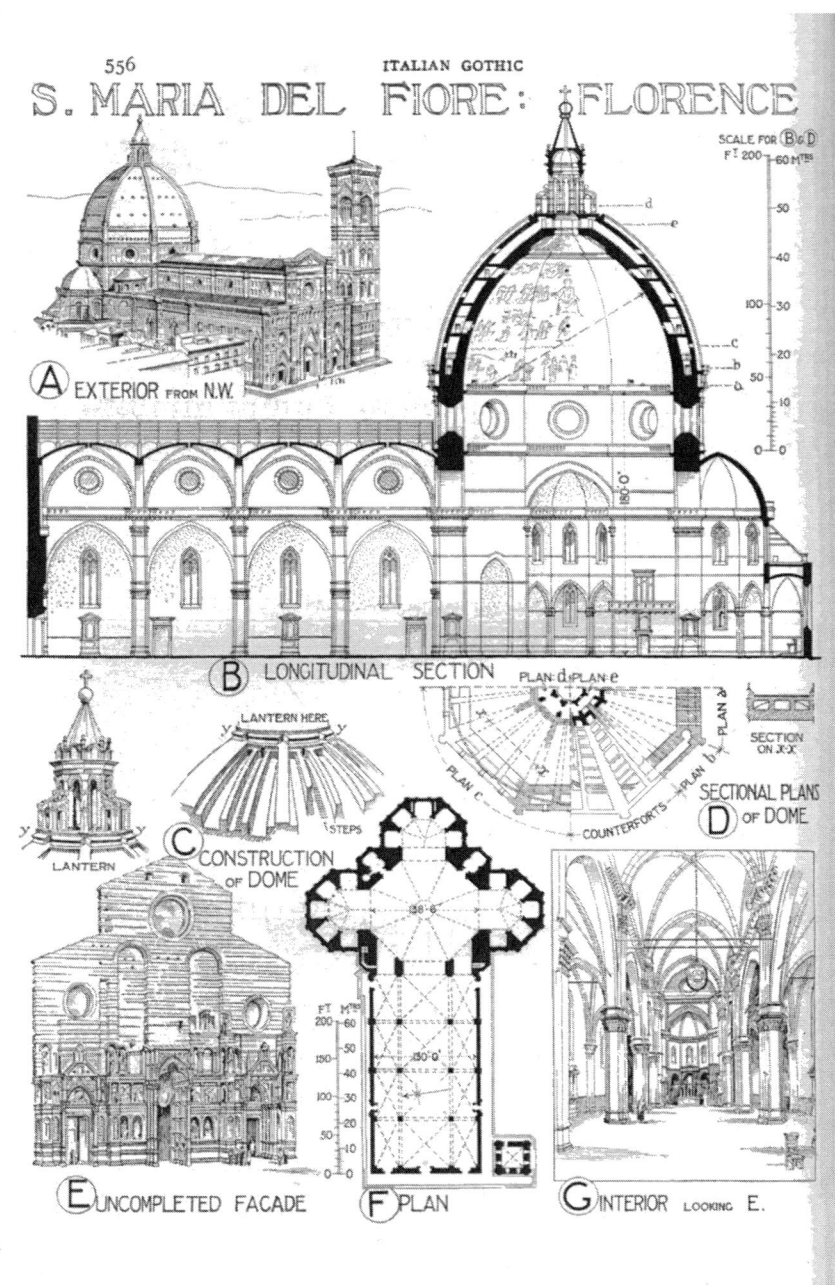

Planos y dibujos de la catedral de Santa María del Fiore, Florencia. Banister Fletcher. *A history of architecture on the comparative method*. 14th edition. London: B. T. Batsford Ltd., 1948, p. 556. Colección propia.

Cattedrale di Santa Maria del Fiore. Imagen: "Creative Commons" por <u>Xosema</u>, bajo licencia <u>CC BY-SA 4.0</u>.

Vista interior de la cúpula Santa María, Florencia. Imagen: "Creative Commons" por <u>Txllxt</u> <u>TxllxT</u>, bajo licencia <u>CC BY-SA 4.0</u>.

Interior de la basílica de San Lorenzo, Florencia. Imagen: "Creative Commons" por <u>Peter K Burian</u>, bajo licencia <u>CC BY-SA 4.0</u>.

Durante el Barroco, los edificios adoptan plantas sinuosas de trazados mixtilíneos que configuran la imagen de los nuevas obras construidas. La alternancia de formas rectas y curvas de estas plantas se proyectará a las cúpulas, que adquieren esa misma apariencia sinuosa. Como resultado, la arquitectura tendrá un notable sentido escenográfico, apoyado también por una mayor sensación de movimiento, con entablamentos que se curvan, elementos hipertrofiados, frontones que se parten, todo ello con un gran sentido teatral. Algunos elementos son reflejo de esta distorsión de la arquitectura, como las columnas salomónicas, cuyo uso se popularizó entonces, o efectos de trampantojos, en línea con esa teatralidad. La luz, será un componente que hay que tener también en cuenta, por cómo incide en los objetos, en los elementos arquitectónicos y en los dorados y estucos barrocos.

Técnicas y elementos arquitectónicos: Barroco

La teatralidad del Barroco también trascendió al ámbito de la arquitectura como hemos dicho. En este sentido, el conjunto de técnicas utilizadas para cubrir sus interiores y exteriores, conocieron un gran predicamento. Debemos poner pues, en esta época, la atención en aquellas técnicas tradicionales, que fueron utilizadas entonces, siendo el dorado y el estuco, dos de las más conocidas.

El revestimiento con estuco se podía hacer tanto en el interior como en el exterior de los edificios. El material principal que compone este mortero es la cal, junto con el polvo de mármol y los pigmentos que dan color a los acabados, por ejemplo, en los esgrafiados situados en el exterior, o en las decoraciones interiores que imitan mármoles. El estuco ha sido empleado con frecuencia en los edificios de esta época, y constituye un apartado importante dentro de las técnicas artísticas.

Los dorados y estucos han contribuido, además, de forma eficaz a la imagen que tenemos del Barroco, y a su aspecto y dimensión estética.

Sant'Ivo alla Sapienza, Roma. Borromini, 1643-1662. Cúpula de trazado mixtilíneo. Imagen: "Creative Commons" por Hugo DK, bajo licencia CC BY-SA 4.0.

Iglesia de Sant'Ivo alla Sapienza, plano de planta. Borromini, 1642. Imagen en <u>dominio público</u>.

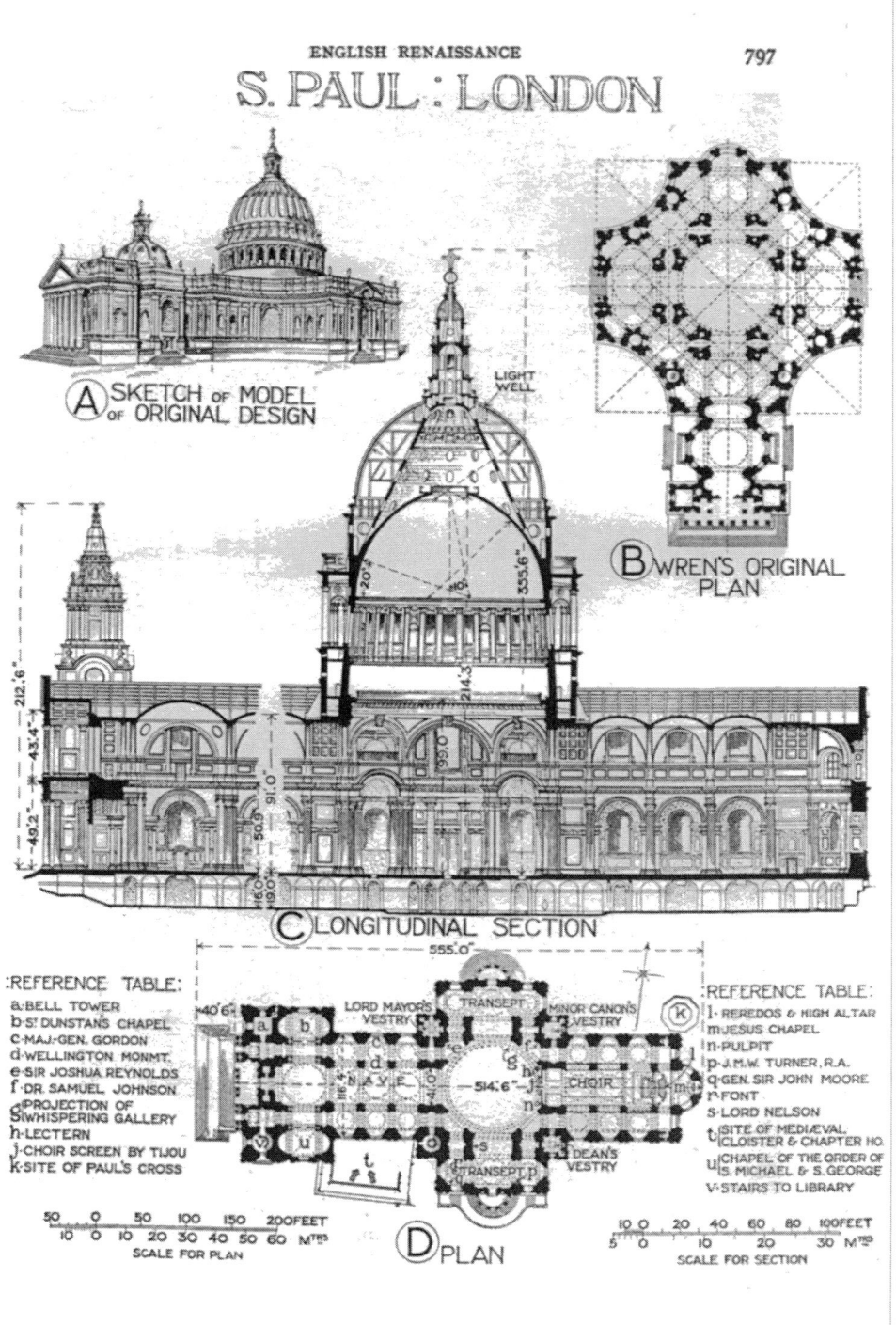

Dibujos de la catedral de San Pablo. Aunque Sir Banister Fletcher lo sitúa al final del Renacimiento inglés, la obra se incluye como parte de la arquitectura barroca, por cronología y características. Banister Fletcher. *A history of architecture on the comparative method.* 14th edition. London: B. T. Batsford Ltd., 1948, p. 797. Colección propia.

Interior de la catedral de San Pablo. Imagen: "Creative Commons" por <u>Diliff</u>, bajo licencia <u>CC BY-SA 3.0</u>.

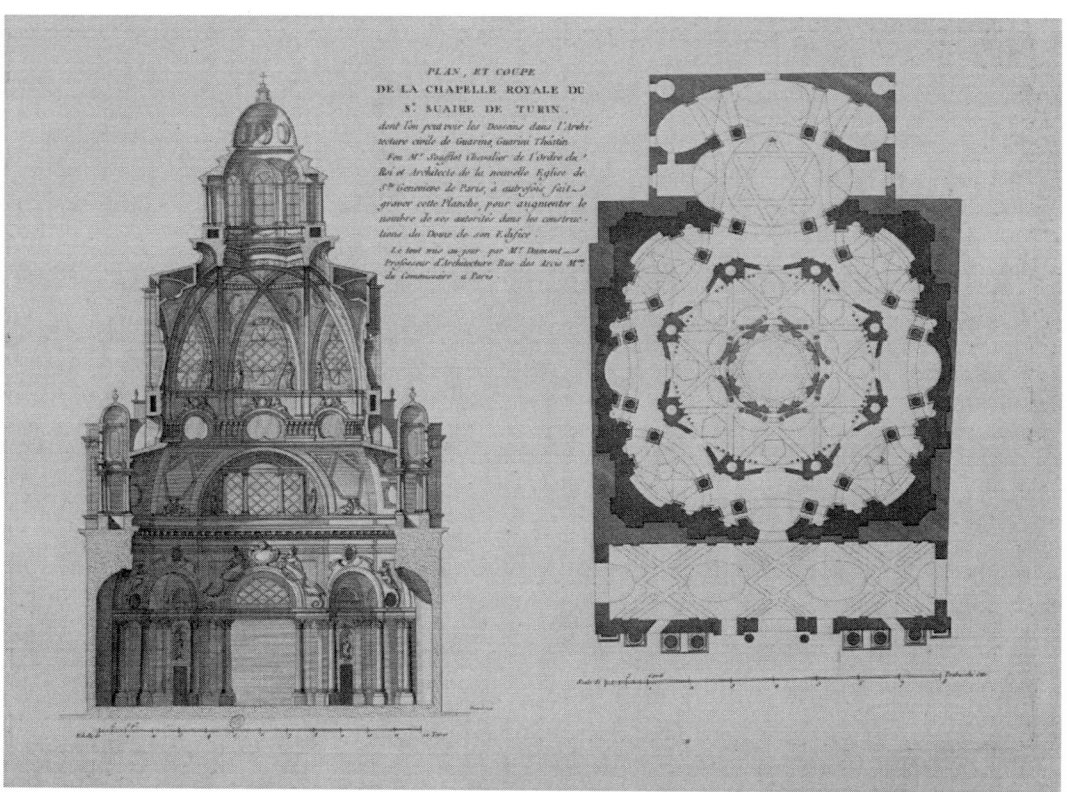

Plano de sección y de planta de la iglesia de San Lorenzo, Turín. Guarino Guarini, 1667. De [Oeuvres de] Jacques-Germain Soufflot [1713-1780], plate 16. Imagen Open licence.

Cúpula de la iglesia de San Lorenzo, Turín. Imagen: "Creative Commons" por Livioandronico2013, bajo licencia de documentación libre de GNU.

Capilla de la Sábana Santa, Turín. Arqto. Guarino Guarini. Construcción, 1668-1694. Imagen: "Creative Commons" por Trappy, bajo licencia CC BY-SA 4.0.

Tema 4. Las técnicas constructivas a partir de la Revolución Industrial

El mundo moderno: una arquitectura diferente

La construcción de edificios se vio beneficiada por las mejoras introducidas por la industrialización, a partir del siglo XVIII, mediante la fabricación y utilización de nuevos materiales, ahora producidos en serie. Los diferentes movimientos históricos y culturales que se sucedieron en el tiempo, hasta bien entrado el siglo XX, pintaron un panorama complejo en lo artístico: desde la revalorización del gótico del XIX, hasta la aparición de estilos como el modernismo, o el eclecticismo y la irrupción del racionalismo y el Movimiento Moderno posterior.

Las Ferias Internacionales marcaron también la agenda cultural y comercial del momento, favoreciendo la aparición y éxito de estilos más modernos, como el art déco.

Parte importante de las construcciones de épocas antiguas, y hasta periodos muy recientes, han tenido que ver con lo religioso. Sin embargo, ahora, se construirá una arquitectura despojada de este sentimiento. Las nuevas propuestas artísticas abordan un mundo diferente, cambiante y moderno, muy en línea con las vanguardias y movimientos que entonces se dieron. Todo ello apoyado por el descubrimiento y empleo de nuevos materiales y técnicas. En el camino, la simplificación de formas, y un voluntario distanciamiento de lo académico, marcarán las pautas de la construcción del mundo moderno.

Los trabajos arqueológicos realizados en los siglos XIX y XX, ayudaron a recuperar otras civilizaciones y culturas, cuyas formas se integrarán, de alguna manera, en las arquitecturas del momento. Los descubrimientos en Egipto también traerán a la actualidad un interés creciente por su arquitectura monumental magnífica.

El siglo XX trajo consigo un panorama muy complejo. Los rascacielos neoyorquinos se construyen mientras en Europa se asienta el primer movimiento arquitectónico moderno: el racionalismo. Éste presenta muros desornamentados en sus fachadas y juegos volumétricos puros, entre otras características. En los años 50, el Movimiento Moderno muestra una arquitectura de vanguardia, construida en parte por las posibilidades que ofrecen los nuevos materiales.

La representación gráfica de la arquitectura también ha tenido cambios en los últimos años. Los planos siguen siendo el apoyo fundamental como material que guía la construcción. A la vez, los dibujos de plantas y alzados de algunos edificios monumentales, realizados con posterioridad a la obra, siguen siendo un instrumento válido para el estudio. La introducción y perfeccionamiento de los medios informáticos han hecho posible que el dibujo de arquitectura sea cada vez más complejo y atractivo.

Técnicas y elementos arquitectónicos: el mundo moderno

Como hemos visto, las técnicas constructivas a partir de la Revolución Industrial sufren un importante cambio por la incorporación de nuevos materiales. Será primero el hierro, más tarde el acero (aleación de hierro y carbono conocido desde la antigüedad, pero cuya producción en masa y técnica mejorada no llegó hasta el siglo XX), el cristal y la aparición del cemento Portland (patentado por Joseph Aspdin en Inglaterra en 1824 y mejorado después) los que condicionan en gran medida los avances en arquitectura. A la utilización de estos materiales se une una nueva voluntad más moderna en periodos posteriores a la industrialización. El siglo XX será un momento de expansión de ideas y conceptos, posibles en arquitectura a partir de estos materiales, y de la aparición de arquitectos que dan sentido y coherencia a las mejores propuestas de este periodo. Sin contar además con otras arquitecturas realizadas entonces, desde los intentos megalómanos de los movimientos totalitarios hasta los periodos de entreguerras. También la tensión producida entre las arquitecturas de corte académico, más tradicionales, con las más vanguardistas ya comentadas. Los edificios alcanzarán alturas significativas, se juega con los materiales y sus posibilidades, se romperá la simetría o se incluirán nuevas tipologías, acordes con los tiempos modernos. En otras ocasiones el ornamento desaparecerá, dejando muros y cubriciones desnudos, como en el racionalismo. Otras veces se reinterpretarán desde la posmodernidad formas antiguas, de culturas anteriores, o se dejarán a la vista intencionadamente los elementos constructivos y tecnológicos, como en la arquitectura *high-tech* de los años 70, también del siglo XX, donde veremos además el uso abundante del acero y el cristal como materiales que se relacionan con esa modernidad tecnológica.

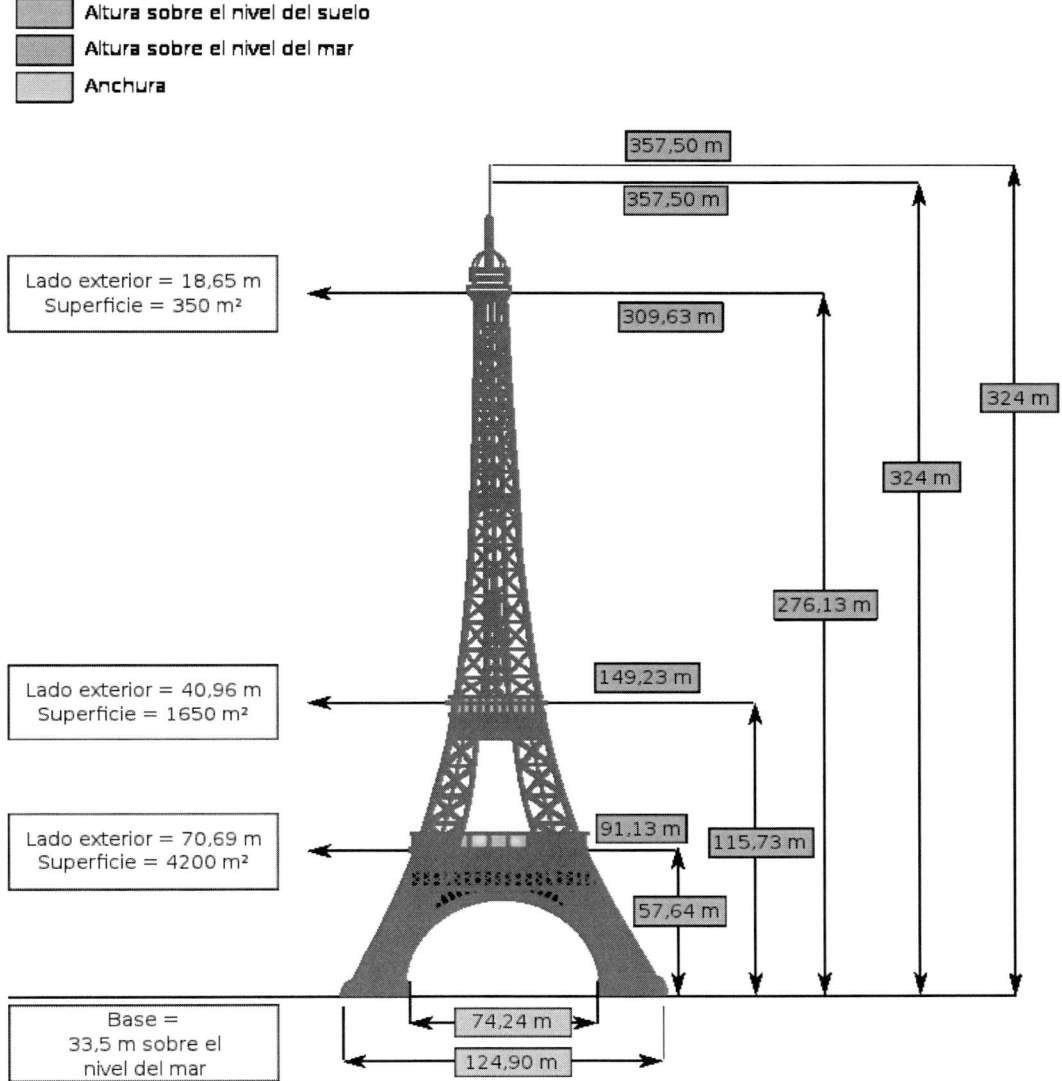

Dimensiones de la torre Eiffel. Imagen: "Creative Commons" por <u>Roulex 45</u>, <u>Kuxu76</u>, <u>Motty</u>, <u>UAwiki</u>, <u>Asierog</u>, bajo licencia <u>CC BY-SA 3.0</u>.

Remate del edificio Chrysler, Nueva York. Imagen: "Creative Commons" por <u>Chris Sampson</u>, bajo licencia <u>CC BY 2.0</u>.

Vivienda doble en la Colonia Weissenhof de Stuttgart (Alemania). Le Corbusier y Pierre Jeanneret, 1927. Imagen: "Creative Commons" por Andreas Praefcke, bajo licencia CC BY-SA 4.0.

Edificio Lloyd's de Londres. Inaugurado en 1986. Arquitecto Richard Rogers. Arquitectura *high-tech*. Imagen: "Creative Commons" por <u>Colin</u>, bajo licencia <u>CC BY-SA 4.0</u>.

Bibliografía

Obras generales

ALONSO PEREIRA, José Ramón. *Introducción a la historia de la arquitectura: de los orígenes al siglo XXI.* Barcelona: Reverté, 2005.

CARMONA BARRERO, Juan Diego. *Curso sobre bóvedas: introducción a las técnicas de ejecución y restauración.* Almendralejo: Consultores de Arquitectura y Rehabilitación, 2000.

CASTRO VILLALBA, Antonio. *Historia de la construcción arquitectónica.* 2a ed., reimpr. Barcelona: Edicions UPC, 2001.

CHOISY, Auguste. *El arte de construir en Bizancio.* Madrid: Centro de Estudios Históricos de Obras Públicas y Urbanismo, 1997.

CHOISY, Auguste. *El arte de construir en Roma.* Madrid: Instituto Juan de Herrera, 1999.

DAVIDSON CRAGOE, Carol. *Cómo leer edificios: un curso rápido sobre los estilos arquitectónicos.* Tres Cantos: H. Blume, 2013.

ESSELBORN, Carlos [Karl]. *Tratado general de construcción.* 4 vols. Barcelona: Gustavo Gili, 1928-1929.

FLETCHER, Banister. *A history of architecture on the comparative method for students, craftsmen & amateurs.* 14th edition. London: B. T. Batsford Ltd., 1948.

GRACIANI GARCÍA, Amparo. *La técnica de la arquitectura en la antigüedad.* Sevilla: Universidad de Sevilla, 1999.

GRACIANI GARCÍA, Amparo. *La técnica de la arquitectura medieval.* Sevilla: Universidad de Sevilla, 2001.

MARK, Robert *et al.* *Tecnología arquitectónica hasta la revolución científica: arte y estructura de las grandes construcciones.* Madrid: Akal, 2002.

ORTEGA ANDRADE, Francisco. *Historia de la construcción. Libro primero: Mesopotamia, Egipto, Grecia y Etruria.* Las Palmas de Gran Canaria: Universidad de las Palmas de Gran Canaria, 1993.

ORTEGA ANDRADE, Francisco. *Historia de la construcción. Libro segundo: romana y paleocristiana.* Las Palmas de Gran Canaria: Universidad de las Palmas de Gran Canaria, 1994.

ORTEGA ANDRADE, Francisco. *Historia de la construcción. Libro tercero: persa, sasánida y bizantina.* Las Palmas de Gran Canaria: Universidad de las Palmas de Gran Canaria, 1993.

ORTEGA ANDRADE, Francisco. *Historia de la construcción. Libro cuarto: visigoda e islámica.* Las Palmas de Gran Canaria: Universidad de las Palmas de Gran Canaria, 1998.

SAINZ, Jorge. *El dibujo de arquitectura: teoría e historia de un lenguaje gráfico.* Barcelona: Reverté, 2005.

VIOLLET-LE-DUC, Eugène-Emmanuel. *La construcción medieval.* Madrid: Instituto Juan de Herrera, 1996.

Diccionarios y guías visuales

CHING, Francis D. K. *Diccionario visual de arquitectura.* 2 ed., rev. y ampl. Barcelona: Editorial GG, 2015.

PANIAGUA SOTO, José Ramón. *Vocabulario básico de arquitectura.* Madrid: Cátedra, 1978.

PLAZA ESCUDERO, Lorenzo de la, Adoración MORALES GÓMEZ y José María MARTÍNEZ MURILLO. *Pequeño diccionario visual de términos arquitectónicos.* Madrid: Cátedra, 2013.

PLAZA ESCUDERO, Lorenzo de la, Javier LIZASOAIN HERNÁNDEZ y José María MARTÍNEZ MURILLO. *Guía visual de la arquitectura en el mundo antiguo: Prehistoria, Mesopotamia, Egipto, Grecia y Roma*. 2a ed. Madrid: Cátedra, 2021.

PLAZA ESCUDERO, Lorenzo de la, Adoración MORALES GÓMEZ, María Luisa BERMEJO LÓPEZ y José María MARTÍNEZ MURILLO. *Diccionario visual de términos arquitectónicos*. 2a ed. ampl. 7ª reimpr. Madrid: Cátedra, 2022.

PLAZA ESCUDERO, Lorenzo de la, Javier LIZASOAIN HERNÁNDEZ y José María MARTÍNEZ MURILLO. *Guía visual de la arquitectura en la edad media I: el mundo paleocristiano, Bizancio, arte «bárbaro» y prerrománico e islam*. Madrid: Cátedra, 2023.

WARE, Dora, Betty BEATTY. *Diccionario manual ilustrado de arquitectura: con los términos más comunes empleados en la construcción*. 13ª tirada. Barcelona: Gustavo Gili, 2010.